W0203086

Maren Müller-Lerch

Kita-Ratgeber Sicherheit

- Alles rund um Spielzeug, Ernährung und Pflanzen
- Vor Unfällen schützen
- Eltern einbeziehen und informieren

Verlag an der Ruhr

Impressum

Titel

Kita-Ratgeber Sicherheit

Alles rund um Spielzeug, Ernährung und Pflanzen I Vor Unfällen schützen I Eltern einbeziehen und informieren

Autorin

Maren Müller-Lerch

Titelbildmotiv

© Sergey Novikov – shutterstock.com

Umschlaggestaltung

Magdalene Krumbeck, Wuppertal

Innengestaltung

Claudia Adam Graphik-Design, Darmstadt

Illustrationen im Innenteil

Natascha Welz, Berlin

Fotos im Innenteil

Maren Müller-Lerch und siehe Bildnachweise auf S. 4

Lektorat

Mareike Kerz, Berlin

Verlag an der Ruhr

Mülheim an der Ruhr

www.verlagruhr.de

Unser Beitrag zum Umweltschutz

Wir sind seit 2008 ein ÖKOPROFIT®-Betrieb und setzen uns damit aktiv für den Umweltschutz ein. Das ÖKOPROFIT®-Projekt unterstützt Betriebe dabei, die Umwelt durch nachhaltiges Wirtschaften zu entlasten. Unsere Produkte sind grundsätzlich auf chlorfrei gebleichtes und nach Umweltschutzstandards zertifiziertes Papier gedruckt.

Urheberrechtlicher Hinweis

Das Werk und seine Teile sind urheberrechtlich geschützt. Jede Verwendung in anderen als den gesetzlich zugelassenen Fällen bedarf der vorherigen schriftlichen Einwilligung des Verlages. Im Werk vorhandene Kopiervorlagen dürfen vervielfältigt werden, allerdings nur für jeden Schüler der eigenen Klasse/des eigenen Kurses. Die dazu notwendigen Informationen (Buchtitel, Verlag und Autor) haben wir für Sie als Service bereits mit eingedruckt. Diese Angaben dürfen weder verändert noch entfernt werden. Die Weitergabe von Kopiervorlagen oder Kopien (auch von Ihnen veränderte) an Kollegen, Eltern oder Schüler anderer Klassen/Kurse ist nicht gestattet.

Der Verlag untersagt ausdrücklich das Herstellen von digitalen Kopien, das digitale Speichern und Zurverfügungstellen dieser Materialien in Netzwerken (das gilt auch für Intranets von Schulen und sonstigen Bildungseinrichtungen), per E-Mail, Internet oder sonstigen elektronischen Medien außerhalb der gesetzlichen Grenzen. Kein Verleih. Zuwiderhandlungen werden zivil- und strafrechtlich verfolgt.

Bitte beachten Sie bzgl. digitaler Kopien die Informationen unter schulbuchkopie.de.

Trotz sorgfältiger inhaltlicher Kontrolle kann keine Haftung für die Inhalte externer Seiten, auf die mittels eines Links verwiesen wird, übernommen werden. Für den Inhalt der verlinkten Seiten sind ausschließlich deren Betreiber verantwortlich.

© Verlag an der Ruhr 2014

ISBN 978-3-8346-2554-0

Printed in Germany

Inhalt

Maren Müller-Lerch hat an der Freien Universität Geschichte und Grundschulpädagogik studiert. Sie arbeitet als Klassenlehrerin in Berlin und fungiert an ihrer Schule als Sicherheitsbeauftragte. Die Autorin ist selbst Mutter zweier Kinder, die seit ihrem 18. Lebensmonat in den Kindergarten gehen.

Für ihre Unterstützung bedanke ich mich von Herzen bei meinem Ehemann und meinen Kindern sowie bei Karin Brych, Christin Demmig, Maike Elling, Nina-Alena Heide und Klaus Uecker („Ücki").

Bildnachweise

© Pictura Foto GmbH (S. 4); © Anatol – fotolia.com (S. 7); © JackF – fotolia.com (S. 11); © Jiri Hera – fotolia.com (S. 14); © 21051968 – fotolia.com (S. 15);© Dron – fotolia.com (S. 17); © Jean B. – fotolia.com (S. 18); © ermess – fotolia.com (S. 23); © Angel_a – fotolia.com (S. 25); © b_luchschen – fotolia.com (S. 29); © joyb0218 – fotolia.com (S. 37); © vsurkov – fotolia.com (S. 45); © Andrea Wilhelm – fotolia.com (S. 49); © Sébastien Garcia – fotolia.com (S. 51); © Vladimir Voronin – fotolia.com (S. 52); © Serhiy Kobyakov – fotolia.com (S. 54); © itestro – fotolia.com (S. 55); © Stefan Franz – fotolia.com (S. 56); © Marina Lohrbach – fotolia.com (S. 59); © Dmitry Naumov – fotolia.com (S. 61); © S. Kobold – fotolia.com (S. 65); © DoraZett – fotolia.com (S. 67); © mangostock – fotolia.com (S. 69); © solovyova – fotolia.com (S. 70); © pio3 – fotolia.com (S. 73)

Wir bedanken uns bei der Evangelischen Kindertagesstätte Paulus in Berlin Zehlendorf und der Bio Company GmbH, dass wir in ihren Räumen fotografieren durften.

Ein paar Worte vorab

„Ohne Sicherheit ist keine Freiheit."
Wilhelm von Humboldt (1767 – 1835)

Sicherheit im Kindergarten – ein Thema, das per se kaum zur Diskussion steht. Die Kinder werden morgens von den Eltern vertrauensvoll in die Hände der verantwortungsbewussten Erzieherinnen übergeben, voraussetzend, dass die Kinder sicher und gut aufgehoben sind. Es wird allgemeiner Konsens darüber herrschen, dass ein Kindergarten nur auf der Grundlage einer gut durchdachten Sicherheitskonzeption seine Berechtigung hat. Die Sicherheit im Kindergarten ist das Fundament für die Obhut und alle pädagogische Arbeit überhaupt.

Mit dem Anspruch einer sicheren Kita geht auch ein hohes Maß an Verantwortung aufseiten der Erzieherinnen einher. Das Thema Sicherheit ist obligatorisch und ganz gewiss lohnend, kann aber schnell überfordern und verunsichern. Was ist angemessen, was zu viel, was zu wenig? Erzieherinnen, Leiterinnen und Eltern haben verschiedene Vorstellungen von dem, was Sicherheit im Kindergarten impliziert. Da es um existentielle Inhalte geht, kochen die Emotionen im Diskurs schnell hoch. Die Intention des Buches besteht trotz der Brisanz des Themas nicht darin, Panik zu verbreiten. Beulen, blaue Flecken, Nasenbluten und abgeschürfte Knie gehören zum Kindergartenalltag dazu. Selbstredend müssen Kinder eigene negative Erfahrungen sammeln dürfen, um in der Welt bestehen zu können. Aber das bedeutet dennoch, dass sie vor wirklichen Gefahren so gut wie möglich beschützt werden müssen.

Ich schlage ein Projekt vor, mit dem intensiv am Thema Sicherheit in allen Bereichen des Kindergartens gearbeitet wird, so dass Sie am Ende von dem Druck befreit sind, sich den Kopf darüber zerbrechen zu müssen, ob die Kinder sicher sind oder nicht. Das bedeutet auch, die Eltern mit ins Boot zu holen und über eine integrative Herangehensweise ein Stück weit Verantwortung abgeben zu können.

Doch was bedeutet „Sicherheit" im Kindergarten nun konkret? Wie ist ein sicherer Kindergarten definiert? Welche Sicherheitsanforderungen muss ein Kindergarten im Detail erfüllen, ohne dabei zu einem Hochsicherheitstrakt zu werden? Und vor allem: Wie können Sie all die Aspekte berücksichtigen, was müssen Sie dabei beachten und wie können Sie die Veränderungen in Ihrer Kita in der Praxis umsetzen? Mit diesen Fragen werden sich die folgenden Kapitel beschäftigen.

Die Kapitel – Inhalte und Aufbau

Es werden insgesamt sechs unterschiedliche Themenfelder behandelt, mit denen Gefahren für die Kindergartenkinder verknüpft sind.

Im ersten Kapitel **„Abwendung von äußeren Gefahren"** wird verdeutlicht, wie durch die Umzäunung, die Ein- und Ausgangsgegebenheiten sowie die Bring- und Abholmodalitäten Sicherheit gewährleistet werden kann. Es schließt sich ein Kapitel zur **Schadstoffbelastung** an. Aufdrucke auf Spielzeug und anderen Kinderartikeln wie „Designed in Germany" sorgen für Unklarheit und lenken den Verbraucher von den eigentlichen Produktionsstätten ab. Die Herkunft von Waren – vorwiegend aus Asien – soll so verschleiert werden, da insbesondere die Kennzeichnung „Made in China" gewissermaßen zum Synonym für vermehrte Schadstoffausdünstungen geworden ist. Und das nicht zu Unrecht. Darüber hinaus gilt es bei den europäischen Produkten zu differenzieren, denn auch hier werden immer wieder giftige Artikel für Kinder auf den Markt gebracht. Inzwischen gibt es umfassende Studien, die belegen, dass Kinder auch im Kindergarten über die Maßen mit Schadstoffen, insbesondere mit Weichmachern in Spielzeug, Geschirr, Sportgeräten, Baumaterialien und Einrichtungsgegenständen belastet werden. Da umfassende Reaktionen vonseiten der Politik auf sich warten lassen, werden konkrete Handlungstipps vorgestellt, um die Kinder vor diesen Schadstoffen weitestgehend zu schützen.

Das dritte Kapitel handelt von **„Sicherer Ernährung"** im Kindergarten und klärt über allgemeine Lebensmittelrisiken auf. Spätestens seitdem vermehrt auch Bio-Lebensmittel in unabhängigen Tests schlecht abschneiden, ist die Verwirrung hinsichtlich der optimalen Kinderernährung komplett. Die einfache Formel „natürlich = gesund, unnatürlich = ungesund" scheint so zunächst nicht mehr haltbar zu sein. Daher werden Vor- und Nachteile der traditionellen und ökologischen Produktion offengelegt und gegeneinander abgewogen. Daneben bieten sich Projekte an, die den Kindern ermöglichen, eigene Einblicke in die Thematik zu gewinnen und ein langfristig gesundes Verhältnis zum Essen aufzubauen.
In Anbetracht der Tatsache, dass sich das vorausschauende Denken bei Kindern erst mit den Jahren im Prozess vollzieht, wird im vierten Kapitel **„Bewegte Sicherheitserziehung und Unfallprophylaxe"** die Notwendigkeit deutlich, neben einer Sicherheitserziehung den Sicherheitsvorkehrungen höchste Priorität einzuräumen. Die Informationen über die kindliche Entwicklung im Hinblick auf die Unfallgefahr machen deutlich, warum die Gestaltung der Spielbereiche gut überlegt sein will – mit besonderem Augenmerk auf die speziellen Bedingungen, die für die Unter-Dreijährigen zu berücksichtigen sind. Es folgen Checklisten für die Sicherheit im Innen- und Außenbereich. Das Dauerprojekt Bewegung und die kleinen Gefahrenprojekte tragen nach dem homöopathischen Prinzip, „Gleiches mit Gleichem abzuwenden", einen wichtigen Teil zur Unfallprophylaxe bei.

■ Das Maiglöckchen sieht hübsch aus, ist aber giftig und hat in der Kita nichts zu suchen.

Da die **Botanik** bislang keinen Eingang in die Ausbildungsfächer der Erzieherin gefunden hat, benötigt der Kindergarten dringend Sachkundige, die gehörig ausmisten, denn Fingerhut und Konsorten sind zwar oft schön anzusehen, aber zum Teil eben auch hochgiftig. Die einzelnen Projektvorschläge des fünften Kapitels zeigen, dass diesbezüglich auch die Kinder als Pflanzenpolizei und Naturdetektive zum Einsatz kommen können und dabei eine Menge lernen.

Im Kapitel **„Schutz gegen Sonne und Hitze"** wird ein umfassendes Sonnenschutzprogramm vorgestellt, das forschend-entdeckende Lernsituationen ermöglicht und Rituale institutionalisiert, mit denen Sonnenschutz selbstverständlich wird.

Abschließend wird in Kapitel 7 **„Die Zusammenarbeit der Erzieherinnen und Eltern"** der besondere Charakter der „Elternarbeit" im Bereich Sicherheit definiert, um Sie für eine gewisse Problematik zu sensibilisieren und daraus wertvolle Hinweise für die Praxis abzuleiten.

Die Kapitel sind im Allgemeinen nach dem gleichen Schema aufgebaut. Es wird mit einem gründlich recherchierten **Sach- und Informationstell** gestartet, um abschließend die Ideen vorzustellen, die Ihnen eine konkrete **Handlungsorientierung** für mehr Sicherheit im Kindergarten bieten.

Zusätzlich zu den Informationen in diesem Buch werden Ihnen zahlreiche weiterführende Infobroschüren oder Bücher nahegelegt, die Sie sich darüber hinaus zunutze machen können, um in der Kita eine sichere Umgebung für Kinder zu schaffen.

Ein Projekt zur Reflexion und Erhöhung der Sicherheit in der Kita – Methodik

Dieses Buch gibt Ihnen das nötige Rüstzeug an die Hand, um die Sicherheit in Ihrer Kita zu reflektieren und gegebenenfalls zu erhöhen. Damit sind Sie auf der sicheren Seite und können sich nach getaner Arbeit im Kita-Alltag gewiss sein, dass Ihre Schützlinge auch tatsächlich geschützt sind. Dann haben Sie auch entspannte Eltern und (selbst)sichere, entspannte Kinder!

Es werden folgende **acht Projektschritte** vorgeschlagen, die sich aus Karl Freys klassischer Projektmethode ableiten lassen. Es ging Frey selbst jedoch nicht primär um die Zielsetzung eines Projektes, wie in diesem Fall das der Sicherheit, vielmehr zeichnete er einen Weg vor, der bilden soll. Inhalt und Ziel sind der Bildung dabei eher untergeordnet (→ *Frey, Karl: Die Projektmethode. Beltz Verlag, Weinheim und Basel 1982).*

(1) Ernennen Sie für jeden der oben genannten Themenkomplexe einen oder einige wenige **Projektleiter.** Diese können unter den Erzieherinnen oder auch Eltern auf einem Gesamtelternabend bestimmt werden. Sie haben die Aufgabe, das ihnen zugeteilte bzw. von ihnen ausgewählte Kapitel zu studieren. Überlegen Sie auch, ob es noch einen anderen Bereich gibt, der Ihnen in Ihrer Kita in Bezug auf die Sicherheit verbesserungswürdig erscheint **(Situationsanalyse).** Dann müsste eventuell eine zusätzliche (Literatur-)Recherche außerhalb dieses Buches erfolgen.

(2) Auf einem weiteren Elternabend wird jede Thematik der Reihe nach vorgestellt und dann darüber abgestimmt, welche der Themen aufgegriffen werden sollen **(Projektinitiative)** und was in der Praxis zu verändern wäre.

(3) Dann werden auf großen Plakaten **Projektskizzen** festgehalten.

Folgende Fragen müssen geklärt werden:

- Sollen die Projekte parallel laufen oder werden sie nacheinander aufgenommen?
- Welche Reihenfolge empfiehlt sich (etwa Berücksichtigung der Jahreszeiten)?

Neben dem zeitlichen Rahmen werden auch weitere Personen benannt, die den/die Projektleiter unterstützen. Das können je nach Thema auch die Kinder sein. Es werden feste Ziele gesetzt und eine Methode wird verabredet. Mithilfe einer Materialliste werden die Kosten berechnet und die Trägerschaft dafür festgelegt (Elterninitiative, die Kita trägt die Kosten, Sponsoring).

(4) Die **Projektpläne** werden in den einzelnen Projektgruppen vertieft und im Detail ausgearbeitet.

(5) Im Mittelpunkt steht die **Durchführung der Projekte** zur Erhöhung der Sicherheit.

(6) Ob eine **Reflexion,** die gegebenenfalls zu einer **(7) Wiederaufnahme** des Projektes führen kann, nur nach Beendigung des Projektes erfolgt oder ob **Metakognitionsebenen,** d.h. Reflexionsstufen während des laufenden Projekts, eingesetzt werden, sollte ebenfalls im Vorfeld besprochen werden.

(8) In jedem Fall sollte noch eine **zweite Reflexionsphase** in einem größeren zeitlichen Abstand geplant werden. Folgende Fragen stehen dabei im Vordergrund: Wie fühlen wir (Erzieherinnen, Eltern, Kinder) uns inzwischen? Sicherer? Welche Änderungen haben sich auf Dauer eventuell als unpraktikabel erwiesen? Bedarf es eines neuen Sicherheitsprojektes?

1 Abwendung von äußeren Gefahren

Denken Sie allgemein an Sicherheit im eigenen Haus, so steht sicherlich der Schutz vor unwillkommenen Gästen an erster Stelle. Sind kleine Kinder im Haus, so kommt hinzu, dass diese das Haus auch nicht so ohne weiteres verlassen können sollten, um sie vor dem Hinauslaufen auf die Straße zu bewahren. Der Schutz vor äußeren Gefahren ist ganz klar auch eine wichtige Komponente der Sicherheitsbemühungen im Kindergarten, dem „pädagogischen Zuhause".

Umgrenzung – der ideale Zaun

Ein **Zaun**, der das Kindergartengelände umgibt, ist **unverzichtbar.** Er sollte möglichst **hoch** sein und nicht zum Klettern verleiten. Stacheldraht, spitz zulaufende Enden usw. gehören tatsächlich nur an einen Gefängniszaun. Darüber hinaus muss akribisch überprüft werden, ob der Zaun **intakt** ist, damit die Kinder nicht spontan auf Abenteuerreise gehen. Zumindest an Stellen, an denen der Kindergarten so verwinkelt ist, dass der Zaun nicht jederzeit im Blick der Erzieherinnen ist, sollte er **blickdicht** gemacht werden, damit von außen niemand unbemerkt Kontakt zu den Kindern aufnehmen kann.

Gesichertes Tor mit Riegel und Schloss

Der Ein- und Ausgang sollte durch ein Tor mit **Riegel- und Schlosssystem** markiert werden, wobei der Riegel sich in einer für die Kinder unerreichbaren Höhe befindet. Es ist schon vorgekommen, dass ein Kind plötzlich zu Hause vor der Tür stand, weil es den Kindergartenbesuch vorzeitig für beendet erklärt und sich unbemerkt auf den Heimweg gemacht hatte. Außerhalb der Bring- und Abholzeiten macht es durchaus Sinn, die Tür komplett verschlossen zu halten. So können Unbefugte den Kindergarten nicht unbemerkt betreten.

Die Eingangstür

Im Hinblick auf die Eingangstür zum Haus selbst gibt es ein breites Spektrum von möglichen und unmöglichen Lösungen. Diese reichen von der sporadisch sperrangelweit offenstehenden Tür (zwecks Belüftung) bis zur versperrten Tür, die nur nach Eingabe eines Zahlencodes zu öffnen ist. In der Tat ist es sehr schwierig, für die Ein- und Ausgangsituationen der Bring- und Abholzeiten eine Lösung zu finden, die **zugleich sicher als auch praktikabel** ist.

Sollte die Eingangstür zum Haus aufgrund der erhöhten **Schlossvorrichtung und Klinke** lediglich für die Kinder von innen nicht passierbar sein, ist die Gefahr, dass sich Fremde einen Zugang verschaffen, einfach zu hoch. Eine **Klingel** an verschlossener Tür ist dagegen sicherer. Während der Abholzeiten, die in vielen Kindergärten eine recht breite Zeitspanne einnehmen, drücken die Eltern jedoch erfahrungsgemäß auf den Türöffner, und solange niemand Auffälliges in der Tür steht, werden die Besucher dann auch ungefragt hereingebeten. Darüber sollte mit den Eltern gesprochen werden.

Sichere Bring- und Abholmodalitäten

Natürlich spielt hier auch die Größe eines Kindergartens eine Rolle. Je mehr Kinder beherbergt werden, desto unübersichtlicher wird die Situation. In einer Kita öffnet z. B. der Koch auf Klingeln die Tür und befragt jeden Ankömmling, den er nicht kennt. Generell gilt: Ungefragt wird niemand hereingelassen. Dann begleitet er den Gast bis zur Erzieherin, um zu überprüfen, ob diese bereits Bescheid weiß, da sie von Mutter oder Vater instruiert wurde. Schwieriger wird es, wenn die Erzieherinnen selbst während der Stoßzeiten unentwegt die versperrte Tür öffnen müssen, da sie sich dafür immer wieder von ihrer Gruppe entfernen müssen. Die **Installation eines Code-Systems,** mit dem ausschließlich die eingeweihten Angehörigen die Tür selbst von außen öffnen können, birgt einen relativ hohen Sicherheitsstandard. Der Code sollte allerdings vorsorglich regelmäßig erneuert und an die Betreffenden per E-mail oder auf dem postalischen Weg rechtzeitig kommuniziert werden. Eine gute Idee ist es, **Kopien der Personalausweise der Abholungsbefugten** (Großmutter, Onkel usw.) in der Akte des betreffenden Kindes aufzubewahren. Wird eine Person bestellt, den Nachwuchs abzuholen, muss diese zum Abgleich den Ausweis vorlegen, soweit sie der betreffenden Erzieherin nicht bereits bekannt ist. Wenn einmal eine Freundin oder Nachbarin der Eltern ausnahmsweise das Kind abholt, muss dies vorher mit der Leiterin bzw. den Gruppenerzieherinnen besprochen werden und der Name der Person muss in der Abholsituation ausweislich überprüft werden. Diese Regelung muss für die gesamte Kita gelten, sonst ist sie ebenfalls lückenhaft, sobald eine andere Aufsichtsperson die eigentliche Erzieherin kurz vertritt. In einigen Kindergärten gibt es **Bücher**, in denen die Eltern morgens verzeichnen, wer die Kinder nachmittags abholt. Dieses Prozedere ist besonders bei unbekannten Personen nur als Ergänzung zur Ausweiskontrolle sicher. Noch sicherer ist es, wenn ausschließlich die Erzieherin der Gruppe selbst auf persönliche Ansage der Eltern den Eintrag vornimmt und das Buch nicht offen ausliegt. Wird die Regel dann aber nachmittags gegebenenfalls übergangen, weil die Eltern den Eintrag im morgendlichen Stress vergessen und nun angerufen haben, um auf ihr Versäumnis hinzuweisen, hat die Methode ihren Sinn bereits eingebüßt. Daher bildet die Personalausweismethode einen festen Bestandteil der Buchmethode. Mit der Kombination ist ein sicheres Abholritual geschaffen.

■ Mit einem regelmäßig neu programmierten Zahlencode können nur Befugte eintreten. Der Sicherheitsstandard ist hoch.

In jedem Fall ist es die Aufgabe jeder Erzieherin, morgens eine **Anwesenheitsliste** ihrer Gruppe zu führen und jedes Kind bei Abholung auch wieder auszutragen. Sollte zwischenzeitlich ein Personalwechsel stattfinden, ist die Erzieherin auch schriftlich über die Anwesenheit ihrer Kinder informiert. Es versteht sich von selbst, dass nicht nur bei Ausflügen, sondern auch in der Kita regelmäßig gezählt wird, ob alle Kinder da sind.

Brandschutzaspekte

Nicht unberücksichtigt bleiben sollten die **Brandschutzaspekte** bei der **Konstruktion der Türen** und ihren Schließsystemen. Einige Firmen haben sich darauf spezialisiert, **Notfallhebel** zu installieren, die im Falle eines Feuers auch von den Kindern betätigt werden, jedoch augenblicklich einen **Alarm** auslösen, sobald sie zum Einsatz kommen, so dass die Türen nicht unbemerkt geöffnet werden können. Andererseits dürfen Situationen, in denen die Kinder auf sich allein gestellt in den Räumen spielen, nicht vorkommen, so dass eine Erzieherin im Notfall immer zur Stelle sein sollte, um die Tür ggf. öffnen zu können. Es stellt sich also die Frage, ob eine solche Installation wirklich notwendig ist. Wenn Sie unsicher sind, rufen Sie vorsichtshalber bei einem Brandschutzexperten der Unfallkasse an und lassen Sie sich beraten. Hierbei handelt es sich im Übrigen um die Sicherheitsregel für den Kindergarten überhaupt: **Die Kinder dürfen niemals unbeaufsichtigt sein** bzw. müssen sich stets beaufsichtigt fühlen. Vor einiger Zeit hat sich ein Mädchen im Kindergarten an einer Kastanienkette stranguliert. Nur ein grausames Beispiel, das hätte verhindert werden können – ganz abgesehen davon, dass stabile Ketten im Kindergarten ein absolutes No-Go sind. Diese Regel duldet keine Ausnahmen, weder die herausgefallene Kontaktlinse noch den Telefonanruf.

Weder für die Kinder noch für die Erzieherinnen besteht ein Nachteil, wenn der **Kindergarten baulich so sicher gestaltet ist wie nur möglich.**

Kurz + knapp

- *Das Kindergartengelände ist von einem intakten, hohen **Zaun** ohne Spitzen umgeben, der nicht zum Klettern motiviert und ggf. stellenweise blickdicht verkleidet ist.*
- *Es existiert ein **Tor** mit einem Schloss und einem Riegel, der von den Kindern aufgrund ihrer Größe nicht zu bedienen ist. Das Tor ist außerhalb der Bring- und Abholzeiten möglichst verschlossen zu halten.*
- *Die Tür zum Haus ist außerhalb der Bring- und Abholzeiten ebenfalls abgeschlossen und mit einem Codesystem oder einer Klingel versehen. Wenn es klingelt, wird die Tür von einer/einem Kita-Mitarbeiter/in geöffnet, der/die die unbekannte Personen zu der betreffenden Gruppe führt, um mit der anwesenden Gruppenerzieherin abzuklären, ob die Person tatsächlich eine **Abholberechtigung** hat.*
- *Die **Bring- und Abholmodalitäten** sind nicht von Gruppe zu Gruppe individuell geregelt, sondern im gesamten Haus einheitlich.*
- *Die **Abhol-Bücher** liegen nicht offen aus. Die Eintragungen übernehmen morgens die Erzieherinnen.*
- *Für absolute Sicherheit ist garantiert, wenn ein **eigenes Ausweissystem** etabliert wird.*
- ***Brandschutzaspekte** werden bei den Sicherheitsbemühungen berücksichtigt.*
- *Die Eltern müssen zum Abgleich von den zur Abholung ihrer Kinder befugten Personen eine **Kopie der Ausweise** im Kindergarten abgeben, die in der Akte des betreffenden Kindes gesammelt werden.*
- *Die Kinder sehen sich immer unter der **Aufsicht** der Erzieherinnen.*

2 Schadstoffbelastung im Kindergarten

Es gibt Orte, an denen mit Schadstoffen klar zu rechnen ist. Längere Aufenthalte mit Kindern in Lackierwerkstätten oder Tiefgaragen wird man eher vermeiden. Aber die Erkenntnis, dass auch der Kindergarten vielfach selbst ein Platz ist, an dem die Kinder Schadstoffen ausgesetzt sind, ist fast unvorstellbar und als Zustand nicht haltbar. Draußen spielen an der frischen Luft ist gesund. Drinnen spielen kann dagegen tatsächlich zu Unwohlsein führen und sogar krank machen. Wie gut die Werte der Innenraumluft sind, hängt stark vom Inventar ab. Es ist durchaus möglich, es sich in den Räumen des Kindergartens unbedenklich gemütlich zu machen. Was es dafür zu bedenken und zu unternehmen gilt, erfahren Sie in diesem Kapitel.

Gift in Kinderspielzeug

Das Gros der Spielsachen, die wir in Deutschland kaufen können, wird in Asien produziert. Hier werden **Giftstoffe** eingesetzt, die in Europa inzwischen verboten sind. Die europäische Giftzentrale meldet dem TÜV Rheinland kontinuierlich Verdachtsfälle. Die Untersuchungen zeigen: Es sind nicht nur „Messer, Gabel, Schere, Licht", die nicht in Kinderhände gehören, sondern ausgerechnet Spielsachen, die sich als wahre Giftschleudern entpuppen. Um sie angenehm weich zu machen, werden unter anderem **Phthalate** (als **Weichmacher** in Kunststoffen) beigemengt, von denen eine stark **gesundheitsschädigende Wirkung** (z. B. Zeugungsunfähigkeit) ausgeht. Das Umweltbundesamt Berlin hat über drei Jahre hinweg Urinproben von 1 700 Kindern

Schaffen Sie am besten unlackiertes Holzspielzeug an oder solches, das mit ökologischen Farben behandelt wurde.

ausgewertet. Nicht eine einzige war schadstofffrei! Es zeigt sich, in welch erschreckenden Ausmaß das **Gift aus dem Kinderspielzeug in die Organismen der Kinder übergeht.**

Spielsachen mit dem Aufdruck „Made in China" sollten umgehend in den Müll gegeben werden. „Designed in Germany" garantiert nicht etwa eine einwandfreie Herkunft, sondern lenkt den Verbraucher gezielt von den eigentlichen Produktionsstätten ab. Diese Bezeichnung ist somit sozusagen von äquivalenter Bedeutung und gibt die gleiche Handlungsorientierung. Sortieren Sie die betreffenden Spielzeuge aus. Bei einigen Spielsachen ist kein Aufdruck vorhanden, so dass hier die Nase über deren Zukunft entscheiden muss. Denn ein unangenehmer Geruch zeigt bereits an, dass wahrscheinlich giftige Stoffe aus dem Produkt ausdünsten.

Aber welche Alternativen gibt es? In **Ökoläden** ist z. B. Spielzeug aus 100 % natürlichem Kautschuk erhältlich. Weiterhin gibt es dort auch unlackiertes Holzspielzeug oder Puppen aus ökologisch hergestellten Stoffen und Farben.

In Kindergärten sollte auf das **Inventar** geachtet werden: wenig Plastik, Spielsachen generell nicht im Übermaß, dafür aber hochwertig. Maria Montessori hat auf die Einmaligkeit eines Materials bestanden. Es verliert seinen Reiz nicht.

Belastung durch hormonelle Schadstoffe

Der BUND Bund für Umwelt und Naturschutz Deutschland e.V. hat mit seiner Aktion **„Kitas unter der Lupe – Zukunft ohne Gift"** (→ *siehe www.bund.net/themen_und_projekte/chemie/achtung_plastik/pvc_freie_kita/*) auf Schadstoffe in Kindergärten aufmerksam gemacht. Untersucht wurden (und werden) Staubproben aus zahlreichen deutschen Kindergärten, die sich seit Mitte 2010 an dem Projekt beteiligen können. Es geht darum herauszufinden, ob und wie gravierend Kinder im Kindergarten **hormonellen Schadstoffen** ausgesetzt sind. Die Ergebnisse sind ernüchternd: In allen getesteten Kindertagesstätten werden die Kinder mit Phthalaten, also oben genannten **Weichmachern**, belastet. Diese Stoffe wirken auf das **Hormonsystem** ein und können neben **Asthma und Allergien** vermutlich auch zu **Unfruchtbarkeit, verfrühter Pubertät** oder **Krebs** führen. Besonders gefährlich sind sie deshalb gerade für Kinder, weil deren körperliche Entwicklung noch nicht abgeschlossen ist.

Um die Kindergärten in dieser Hinsicht sicher zu machen, müssen die Giftquellen entfernt werden. Dabei handelt es sich vorwiegend um Weich-PVC-Inventar, aus dem die Phthalate mit der Zeit ausdünsten und von den Kindern aufgenommen werden; entweder primär durch **Berührung** und **Einatmen** oder sekundär über den **Kontakt mit Staub**, mit dem sich die Weichmacher verbinden. **Auf Weich-PVC sollte im Kindergarten unbedingt verzichtet werden.**

Weitere Gefahrenquellen

Besonders folgende Gegenstände sind nach dem BUND potentielle Gefahrenquellen:

- **PVC-Bodenbeläge.** Alternativen sind bspw. Linoleum, Holz, Kautschuk, Kork, Polyethylen oder Polypropylen. Bei Teppichböden muss überprüft werden, ob nicht deren Rückseite mit PVC belegt ist. Achten Sie bei der Auswahl der Bodenausstattung auf folgende Qualitätssiegel: der „Blaue Engel", das „natureplus"-Siegel oder das rote „t-Siegel" des „Carpet-Quality-Clubs".
- **Vliestapeten.** Wenn Sie sich für Tapeten entscheiden, wählen Sie welche aus Papier aus. Der „Blaue Engel" kennzeichnet Produkte, die wenig mit Schadstoffen belastet sind. Ansonsten streichen Sie die Wände lieber oder wählen Sie einen Putz aus Naturmaterial. Informieren Sie sich hinsichtlich der Wandfarben unbedingt bei **Öko-Test**, denn auch ökologische Bestandteile wie natürliche Öle und Harze sind zum Teil gesundheitsschädlich. Bei den Farben sollte besonders darauf Wert gelegt werden, dass sie ohne Formaldehyd auskommen.
- **Turnmatten.** Bitte ohne PVC! Es gibt Turnmatten, die aus Baumwollsegeltuch oder anderen Planenstoffen ohne Weichmacher hergestellt werden.
- **Gymnastikbälle.** Auch hier gilt: Verzichten Sie auf Weich-PVC.
- **Regenkleidung.** Empfehlenswert sind Produkte aus Kunstfasern wie Nylon, gewachster Baumwolle oder Naturkautschuk und Materialien, die mit dem Öko-Tex Label 100 „Textiles Vertrauen" ausgezeichnet sind.
- **Spielzeug.** Besonders giftig sind **aufblasbare PVC Produkte**. Aber leider sind auch teure Holzspielzeuge teilweise nicht schadstofffrei, sie enthalten z. B. Flammschutzmittel, polyzyklische aromatische Kohlenwasserstoffe und Nickel. Noch skandalöser ist, dass, wenn auch selten, selbst in den scheinbar naturbelassenen Artikeln wie bspw. in „Sophie la giraffe" Giftstoffe nachgewiesen werden. Studieren Sie regelmäßig die besagten **Spielzeugstudien.** Orientieren Sie sich ferner am „Spiel gut"-Siegel oder am TÜV Proof-Siegel des TÜV Rheinland. Elektronisches Spielzeug mit dem VDE-Zeichen ist ebenfalls kontrolliert worden. Das GS-Zeichen steht für „geprüfte Sicherheit". Auch die Testergebnisse der Stiftung Warentest geben Auskunft über Sicherheitsmängel und Schadstoffe. Unbedingt zu empfehlen sind die Spielzeuge der Firma Plantoys. Verwendet werden chemiefreies Kautschuk-

In Spielzeug lauern oft Giftstoffe wie z. B. Flammschutzmittel.

baumholz, formaldehydfreier Klebstoff aus CO_2-ausstoßfreier Produktion sowie nicht-toxische Farben auf Wasserbasis. Farben, die Schwermetalle wie bspw. Blei enthalten, finden keine Anwendung.

- **abwaschbare Plastik-Tischdecken.** Auch hier sind Weichmacher und andere schädliche Stoffe enthalten. Greifen Sie alternativ auf Papiertischdecken oder mit Acryl überzogene Stofftischdecken zurück. Am unkompliziertesten und sichersten ist es, die Tischdecke einfach wegzulassen.
- **Matratzen-Schonbezüge.** Relativ bedenkenlos können Sie zurückgreifen auf Baumwolle, die mit Polyurethan oder Polyester beschichtet ist.
- **Kunstledermöbel.** Wählen Sie lieber möglichst unbehandeltes Holz, das mit Stoff bezogen sein kann.
- **Plastik-Trinkbecher und -Brotdosen.** Unbedenklich sind Keramiktassen, Glas oder Produkte aus Melamin, Polyethylen und Polypropylen. Das Frühstück für die Kinder gehört in Papiertüten oder Metalldosen aus hochwertigem Edelstahl. Besonders ungünstig ist es, fettige Lebensmittel wie Käse in Plastikdosen zu verpacken, da Weichmacher sich in ihnen besonders leicht anreichern.

→ Vergleichen Sie hierzu den BUND-Beitrag *„Ratgeber für PVC-freie Kindergärten und Kinderzimmer“*, zu beziehen über die BUND-Webseite.

GUT ZU WISSEN

Warum schneiden Öko-Tex zertifizierte Produkte in Tests leider manchmal schlecht ab? Da es fast unmöglich ist, alle Arten von Schadstoffen zu überprüfen, konzentriert sich Öko-Tex jeweils nur auf bestimmte Stoffe, die besonders häufig im geprüften Material vorkommen. So bleiben andere Giftstoffe teilweise unentdeckt.

Der BUND hat seine Studien zum Thema Gift im Kindergarten inzwischen auch auf **die Chemikalie Bisphenol A (BPA)** ausgeweitet, aus der der Kunststoff **Polycarbonat** hergestellt wird. Diese steht unter dringendem Verdacht, bereits in kleinsten Mengen eine Gefahr für die Gesundheit darzustellen. **Werden vom Körper gleichzeitig noch andere Giftstoffe aufgenommen, können daraus wiederum neue Gifte mit unvorhersehbarer Wirkung entstehen.** BPA beeinflusst das Hormonsystem und könnte daher zu **Hirnschäden, Frühreife, Verhaltensstörungen, Krebs und Unfruchtbarkeit** führen. Nahezu in allen getesteten Kindergärten konnte BPA nachgewiesen werden. Da es auch in **Baumaterialien** vorkommt, ist es schwierig, sich vollkommen davor zu schützen. Um die Belastung so gering wie möglich zu halten, ist es in jedem Fall sinnvoll, Plastikprodukte grundsätzlich zu meiden. Untersagt ist BPA seit dem 1. Juni 2011 bisher nur in Babyfläschchen. Es bleibt zu hoffen, dass dieses Verbot ausgeweitet wird, zumindest auf alle Produkte, die für Kinder bestimmt sind.

GUT ZU WISSEN

ASBEST

Wenn Umbau- und Renovierungsarbeiten anstehen, ist es wichtig abzuklären, ob die Einrichtung in den vergangenen Jahren bereits von einem Fachmann auf asbesthaltige Materialien untersucht worden ist. Andernfalls können selbst durchgeführte Maßnahmen äußerst gefährlich werden. Wird Asbest-Material nämlich bei der Demontage beschädigt, können Asbest-Fasern freigesetzt werden, die im schlimmsten Fall lebensgefährliche Tumore verursachen können. Besonders in Fußbodenplatten, Heizungsverkleidungen, Rohrisolierungen oder unter Vordächern kommen noch Altlasten vor.

Was stinkt, ist in der Regel giftig!

Projekt zur Schadstoffreduzierung

Da die Auswertungen insgesamt sehr unterschiedlich hohe Belastungsgrade in den einzelnen Kindergärten aufzeigen, wird deutlich, dass es unbedingt sinnvoll ist zu handeln. Tauschen Sie alle Gegenstände aus Weich-PVC (besonders Kunststoffe von weicher und speckiger Natur) am besten aus. Alternative Materialien gibt es zur Genüge. Achtung: Hinter dem Recycling-Symbol 3 verbirgt sich PVC. Vinyl ist ebenfalls ein Synonym für PVC. Im Zweifelsfall müssen die Hersteller Auskunft geben. Haken Sie nach! Werden Sie zur Spürnase oder zum Trüffelschwein. **Was stinkt, gast in der Regel aus!** Auch mit Putzen und Lüften kämpfen Sie gegen die Giftstoffe an. Nutzen Sie den Außenbereich bei Wind und Wetter, um den Schadstoffen der Raumluft zu entfliehen. Wenn Sie herausfinden wollen, in welchem Ausmaß Sie die Schadstoffe beseitigt haben und ob genug getan ist, nehmen Sie selbst an der Studie teil. Auf der BUND-Webseite (→ *BUND.net* → *Themen und Projekte* → *Mitmachen*) erfahren Sie, wie die Staubprobe zu entnehmen ist. Auch alle weiteren Bedingungen werden erklärt. Aufgrund der großen Nachfrage kann die Untersuchung nicht in jedem Fall kostenfrei erfolgen, da hierfür die Gelder fehlen. Legen alle Eltern zusammen, ist die Unkostenpauschale aber schnell beisammen: Die Laborkosten betragen ca. 200 Euro. Teurer werden dagegen eventuelle Renovierungsmaßnahmen und der Austausch der Einrichtungsgegenstände. Doch auch wenn wenig Geld vorhanden ist, es gibt kaum etwas Sinnvolleres für dessen Verwendung als die Gesundheit von Kindern und Erzieherinnen. Sollte dem Projekt viel Spielzeug zum Opfer fallen, so könnte jedes Elternpaar ein neues hochwertiges anschaffen. Wenn Sie nicht bereit sind, dafür in Ökoläden zu kaufen, so werfen Sie auf jeden Fall einen Blick in die Jahrbücher und Zeitschriften von Öko-Test, bevor Sie etwas kaufen. Auch die in Europa produzierten Produkte sind nicht unbedingt unbedenklich. Die europäische Norm ist nicht immer streng, so dass trotzdem gesundheitsschädliche Chemikalien zum Einsatz kommen können. Leider bewirken noch nicht mal die neuen Spielzeugrichtlinien eine Verbesserung der Lage und stehen daher stark in der Kritik. Giftiges Blei und andere Schwermetalle bspw. dürfen bei der Produktion in höheren Konzentrationen verwendet werden als zuvor. Neben dem Hormonsystem wirkt sich Blei negativ auf die Intelligenzentwicklung und das Nervensystem aus. Manche Chemikalien werden darüber hinaus gar nicht erst berücksichtigt.

Geht es auch ohne Spielzeug?

Wenn das Budget Neuanschaffungen nicht erlaubt, gilt es zunächst zu bedenken, dass es Kindergärten gibt, die bewusst **ohne kommerzielles Spielzeug** auskommen oder **spielzeugfreie Zeiten** zumindest als feste Konstanten in den Jahresplan einbauen. Viele Erzieherinnen sehen darin einen Beitrag zur Suchtprophylaxe, da das Kind lernt, dass es im Spiel nicht von klassischen Spielzeugen abhängig ist, sondern aus sich selbst heraus und besonders in der Wechselbeziehung mit anderen Kindern Spielsituationen erschaffen kann. Kreativität und Fantasie sind in besonderem Maße gefragt, wenn die Kinder im Garten mit Naturmaterialien spielen, basteln und werken. Rollenspiele kommen stärker zum Tragen, so dass soziales Lernen in Reinkultur praktiziert wird. Die Kinder nehmen verschiedene Rollen ein und lernen, sich in andere hineinzuversetzen (Multiperspektivität). Der Zusammenhalt der Kinder wächst mit deren verstärkter Interaktion und Kommunikation. Ihr Selbstvertrauen wird gestärkt durch die Erfahrung, dass sie auf Spielzeug nicht angewiesen sind. Dieser Exkurs soll einfach zu bedenken geben, dass es auch ohne Spielsachen geht und ganz hervorragend mit einer reduzierten Auslese.

Es geht auch ohne vorgefertigtes Spielzeug – ein Pappkarton z. B. bietet viele Spielmöglichkeiten.

Spielzeug selber herstellen

Außerdem können Kinder und Eltern auch **kostengünstiges, schadstoffarmes Spielzeug selber basteln**. Zu berücksichtigen ist diesbezüglich das Alter der Kinder (verschluckbare Kleinteile).

Hinsichtlich der Bastelmaterialien lohnt es sich genau hinzuschauen, für welche Artikel man sich entscheidet. Verwenden Sie ausschließlich **lösungsmittelfreie Kleber, Stoffe aus Bio-Baumwolle und vorzugsweise Farben auf Naturbasis sowie CO_2-neutrale/s Pappe und Papier**. Wie so oft lohnt sich auch hinsichtlich der Bastelutensilien ein Blick in die Öko-Test-Ausgaben. Wird nämlich bspw. bei der Klebstoffherstellung Lösungsmittel durch Wasser ersetzt, müssen Konservierungsstoffe eingesetzt werden, um das Produkt beständig zu machen. So ist bei der Herstellung zwar auf einen gewissen Schadstoff verzichtet worden, doch noch lange nicht garantiert, dass das Produkt für Kinder wirklich geeignet ist, da andere giftige Stoffe diesen möglicherweise lediglich ersetzt haben.

Fühlkisten

Erzieherinnen und / oder Eltern bauen **Fühlkisten** oder **Tastrahmen**, um den haptischen Sinn der Kinder auszubilden. Dafür eignet sich verstärkter Karton oder, wenn Hobbybastler unter Ihnen sind, gern Holz. In die Vorder- und ggf. Rückseite wird jeweils ein Loch in Handgröße geschnitten bzw. gesägt und Stoff dahintergeklebt, so dass die Kiste nicht einsehbar ist. Die Erzieherin oder ein Kind bestückt die Kiste, ein (anderes) Kind errät den Gegenstand. Zu ertasten sind natürliche Dinge und Alltagsgegenstände wie Kastanien, Korken, Steine, Knöpfe, Löffel oder stabile Muscheln. Besonders fördernd für die Wahrnehmung der Kinder ist es, wenn die Materialien unterschiedliche Beschaffenheit haben: rau, glatt, weich, hart, leicht, schwer. Im Spiel erweitern die Kinder ganz nebenbei auch ihren Wortschatz. Beobachtet man die Kinder beim Spielen, hört man häufig Sätze wie: „Hm. Es ist rund und glatt. Vielleicht ist es ein Goldstück!"

In der Krippengruppe können die Kinder noch nicht verbalisieren, was sie erfühlen. So lohnt es sich, die Tastgegenstände – es können auch die Lebensmittel sein, die später für das Mittagessen bestimmt sind – in zweifacher Ausführung zu besorgen. Die Krippenkinder können dann den Gegenstand, den sie zu fühlen meinen, zeigen und die Erzieherin nennt die entsprechenden Bezeichnungen. Gerade Kinder nichtdeutscher Herkunft erlernen so spielerisch die richtigen Nomen.

Noch geringer ist der Aufwand, wenn **Fühlsocken** gefüllt werden. Die Kinder überlegen gemeinsam oder alleine, was sie darin ertasten.

Rasseln

Neben Materialien, die den haptischen Sinn ansprechen, eignen sich auch solche sehr gut, die den akustischen Sinn fördern. Aus Toilettenpapierrollen können gemeinsam mit den Kindern **Rasseln**

■ Die Kinder erfühlen verschiedene Gemüsesorten durch einen Tastrahmen.

Die Kinder basteln ihre Musikinstrumente selber. Sie füllen Rasseln unter anderem mit Buchweizenkörnern.

gebastelt werden. Immer zwei Rollen werden mit dem gleichen Füllmaterial ausgestattet, z. B. mit getrockneten Hülsenfrüchten wie Linsen oder auch mit Buchweizen, Reis und Nudeln. Mit Papier und etwas Kreppklebeband werden sie verschlossen, mit Zeitungsschnipseln und Kleister (ungiftiger Öko-Bastelkleister für Kindergartenkinder ohne chemische Zusätze und Konservierungsstoffe) umhüllt und zum Schluss mit Wasserfarben angemalt. Die Erwachsenen können die Rollen-Pärchen abschließend mit gleichfarbigen Klebepunkten versehen, zwecks Selbstkontrolle.

Dann kommen alle Rasseln in eine Box. Die Kinder versuchen, die zusammengehörigen Rasseln am Geräusch zu erkennen. Auch kann ganz fantastisch damit musiziert werden.

Kugelbahnen

Die Kinder lieben es, **Kugelbahnen** zu konstruieren. Auch hierfür können Papprollen von Küchen- oder Toilettenpapier herhalten, die bemalt und mit lösungsmittelfreiem Klebeband zusammengehalten werden. Holzkugeln können im Bastelladen sehr günstig erworben werden. Auch Spielzeugautos rasen gern durch die steilen Tunnel. Eine witzige Idee sind Kugelbahnen aus Sonnenblumenstielen. Die Sonnenblumen werden so lange nicht geerntet, bis sie vertrocknet sind (im Winter), dann werden sie von den Erwachsenen halbiert und ausgeschabt. Größere Kindergartenkinder können daran teilhaben.

Da für diese natürliche Form der Kugelbahn aufgrund ihrer Größe nur Murmeln infrage kommen, eignet sich diese Idee nicht für die Unter-Dreijährigen.

Stoffe

Einen **Bauernhof**, **Zoo** oder **Zirkus** können Eltern **aus Stoffresten** nähen (alte Kinderkleidung ist zumeist bunt und fröhlich). Die Tiere werden beidseitig auf den Stoff gemalt und ausgeschnitten, dann können sie mit Kirschkernen gefüllt und zugenäht werden. Sie sind waschbar. Natürlich ist dieses Vorhaben etwas aufwendiger.

Wer gern näht, kann auch auf eine Decke verschiedene Verschlusssysteme aufnähen: Reißverschluss, Bänder zum Schleifenbinden, Klettverschlüsse, Haken, Ösen, Laschen und Knöpfe. Kinder lieben es, sich in Geschicklichkeit zu üben.

Puppenzubehör

Puppengeschirr kann gemeinsam mit den Puppenmüttern und -vätern getöpfert werden. Aus Stoffresten können Puppenkleider hergestellt werden. Mit Pappmaschee kann man z. B auch Puppenmöbel herstellen und aus einem Schuhkarton ein kleines Puppenhaus bauen.

Wahrnehmung

Eine Dose mit **Schrauben und Muttern** in unterschiedlichen Größen lädt zum Ausprobieren ein. Die Kinder verbessern ihre Feinmotorik und überprüfen ihre optische Wahrnehmung in Form von Hypothesen: Welche Mutter passt auf welche Schraube?

TIPP

Freya Jaffke stellt in ihrem Buch **„Spielzeug von Eltern selbst gemacht“** (Verlag Freies Geistesleben, Stuttgart 2002) weitere Ideen vor.

Weitere Anregungen finden Sie in: *Bläsius, Jutta:* **101 Spiele mit Alltagsmaterialien.** Verlag an der Ruhr, Mülheim an der Ruhr 2011.

Es zeigt sich, dass es bereits im Kindergartenalter möglich ist, gemeinsam mit den Kindern Spielsachen herzustellen, so dass sie an diesem Projekt hervorragend beteiligt werden können. Die vorangehende Analyse der Gegebenheiten muss selbstredend von den Erwachsenen durchgeführt werden. Teilen Sie auf, wer sich worum kümmert bei der Inventur, den Renovierungs- und den Bastelarbeiten. Sollten sich hinsichtlich der Ab- oder Anschaffungen Fragen bezüglich der Materialbeschaffenheit auftun, denken Sie daran, dass der Hersteller über die Produkte und deren Inhaltsstoffe wahrheitsgemäße Auskunft geben muss. Erklären Sie den Kindern auch, warum dieses Projekt so wichtig ist und dass gerade Spielzeug, so viel Freude es auch bereitet, leider krank machen kann.

Berliner Kindergärten können das Projekt mit einer kleinen **Demo** vor dem Bundesministerium für Gesundheit (ansonsten finden Sie sicher einen anderen medienwirksamen Platz) untermauern, wie sie bereits der BUND am Weltkindertag initiiert hat. Die Kinder können auf weiße Bettlaken Schneewittchen-Äpfel und Totenköpfe malen. Aufschrift: „Wir werden richtig giftig – bei Gift im Kindergarten!“ Den Kindern wird Raum gegeben, Wut und Trauer über entsorgtes (Lieblings-)Spielzeug herauszulassen. Also, Zunge rausstrecken, Grimassen ziehen, lange Nase oder Eselsohren zeigen, Pfeifen und Buh-Rufe sind erlaubt. Faule Eier und Tomaten? Sind wenigstens nicht giftig. Auf die Frage, ob politisches Handeln schon im Kindesalter möglich ist, weiß Herbert Grönemeyer die richtige Antwort: „Die Welt gehört in Kinderhände! Kinder an die Macht!“

Kurz + knapp

- ***Spielzeug*** *aus Asien ist besonders häufig mit* ***Giftstoffen*** *belastet. Aber auch europäische Artikel für Kinder sind zum Teil als bedenklich und schädlich einzustufen. Um Kinderspielzeug und andere Produkte aus Plastik weich zu machen, werden bei der Herstellung Weichmacher eingesetzt. Es ist bewiesen, dass diese Giftstoffe bei Kontakt in die Organismen von Kindern übergehen und dort einen großen gesundheitlichen Schaden verursachen können.*
- *Studien belegen, dass die Kinder auch in den Kindergärten Giftstoffen ausgesetzt sind.*
- *Um die Kinder zu schützen, müssen die* ***Giftquellen entfernt werden****. Dabei handelt es sich in erster Linie um Gegenstände aus* ***Weich-PVC****. Synonym für PVC wird der Begriff Vinyl verwendet und auch das Recycling-Symbol 3 steht für PVC. Zu identifizieren ist PVC an seiner weich-speckigen Beschaffenheit. Daneben gilt: Was stinkt, gast in der Regel aus. Auch auf Produkte, die* ***BPA*** *beinhalten, sollte im Kindergarten verzichtet werden.*
- ***Regelmäßiges Putzen und Lüften*** *sowie das Spielen an der frischen Luft stellen eine weitere Sicherheitsmaßnahme dar, da sich die ausdünstenden Schadstoffe im Staub in den Innenräumen anreichern.*
- *Wenn es schwerfällt, das* ***Spielzeugsortiment*** *der Kinder ggf. drastisch reduzieren zu müssen, hilft die Erkenntnis, dass eine Auslese und ein moderater Bestand auch ihre pädagogische Berechtigung haben.*
- *Als Ersatz kann* ***schadstoffarmes Spielzeug*** *mit den Kindern selbst gebastelt werden.*
- *Lassen Sie die Kinder ihren Unmut über den Verlust des Spielzeuges demonstrieren.*

3 Sichere Ernährung

Vielleicht haben Sie das auch schon mal erlebt: Sie sind in den Urlaub gefahren und haben zu Hause Tomaten oder Trauben vergessen – nachdem Sie wiederkamen, waren diese unversehrt, ohne Dellen, ohne braune Stellen, ohne Anzeichen des Verfalls. Sicher haben Sie diese unmittelbar entsorgt und sich die Frage gestellt, womit die Früchte wohl manipuliert oder zumindest behandelt werden, dass sie sich entgegen dem natürlichen Verfallsprozess verhalten. Vielleicht sind Sie danach auf Bio-Lebensmittel umgestiegen und wurden von den zahlreichen **Lebensmittelskandalen** auch in dieser Entscheidung bestätigt. Leider sind in letzter Zeit aber auch immer wieder die **Bio-Produkte in die Diskussion** gekommen. Gerade während der EHEC-Panik, als Gurke und Salat noch die Hauptverdächtigen waren, wurde vor allem vor den Bio-Produkten gewarnt. Besonders die ökologisch erzeugten Lebensmittel sollten nun **besonders gut gewaschen** oder am besten **geschält** oder **gekocht** werden. Die einfache Formel „natürlich = gesund, unnatürlich = ungesund", schien so plötzlich nicht mehr haltbar zu sein.

Und da haben wir auch schon die Krux, dass Bio-Lebensmittel zwar einerseits mit weniger Risiken verbunden sind, da auf bestimmte Zusatzstoffe oder Chemiekeulen verzichtet wird, sie andererseits aber auch mit Bedacht genossen werden müssen, da sie aufgrund der **natürlichen Düngung** (Tiermist, Kompost) teilweise mit Kolibakterien (z. B. EHEC) oder Listerien verunreinigt sind, die besonders für Schwangere, Immunsupprimierte und eben auch Kleinkinder gefährlich werden können, da ihr Immunsystem noch nicht ausgereift ist. Bleibt nur abzuwägen, welche Lebensmittel die sichereren sind, die ökologisch oder die konventionell produzierten.

Lebensmittelrisiken der konventionellen Produktion

Lebensmittel aus der traditionellen Produktion gibt es an jeder Ecke zu kaufen, ob im Discounter oder im Tante-Emma-Laden. Wir sind mit ihnen groß geworden und die Frage nach der gesundheitlichen Qualität stellte sich lange Zeit ausschließlich hinsichtlich der Wahl der konkreten Lebensmittel – Pommes mit Chicken Nuggets oder Gemüse für den reichhaltigen Auflauf. Inzwischen jedoch stehen sie in Konkurrenz zu den ökologisch erzeugten Lebensmitteln aus den Bio-Märkten. Mit dem Kauf der konventionellen Produkte geht mitunter ein ungutes Gefühl oder schlechtes Gewissen einher. Das Unbehagen mag mit folgenden Lebensmittelrisiken begründet sein.

Pestizidrückstände

Damit die Erntemenge nicht aufgrund von Pflanzenschädlingen, Krankheiten oder Verdrängung durch Unkraut reduziert wird, setzen konventionell arbeitende Landwirte **chemische Pflanzenschutzmittel** (Fungizide, Herbizide usw.) ein. **Pestizidrückstände** lassen sich dabei nicht vermeiden. Wir essen sie mit. Unabhängige Prüfstellen wie das Bundesinstitut für Risikobewertung und die Europäische Behörde für Lebensmittelsicherheit sind der Ansicht, dass von diesen Rückständen eher keine Gesundheitsgefährdung ausgeht. Zudem könnten sie durch **gründliches Abwaschen und Trocknen** auf ein Minimum reduziert werden. Durch **Schälen** würden wertvolle Inhaltsstoffe dagegen womöglich mit entfernt. Eindeutig zu viele Konjunktive, wenn es um die Sicherheit von Kindern geht. Es ist auch kaum vorstellbar, dass die Pestizide nicht in die Struktur der Früchte übergehen. Was die mitgegessenen Rückstände wirklich im Körper auslösen können, ist nicht abschließend wissenschaftlich erforscht; das ist auch fast unmöglich, da ständig neue Produkte auf den Markt kommen, so dass Langzeitstudien erschwert werden. Besonders häufig finden sich Rückstände auf Gurken, Kräutern, Auberginen und in Tee.

Die herkömmliche Landwirtschaft verwendet große Mengen an Pflanzenschutzmitteln und chemischen Düngemitteln.

In der **ökologischen Landwirtschaft** werden nahezu keine chemischen Pflanzenschutzmittel verwendet.

Zusatzstoffe in Lebensmitteln

Um das Essen geschmacklich und äußerlich besonders attraktiv zu machen und eine lange Haltbarkeit zu gewährleisten, werden häufig **Zusatzstoffe** beigemengt. Einige davon sind besonders für Kinder als **höchst bedenklich** einzustufen:

- **Azofarbstoffe.** Sie können sich ungünstig auf die Aktivität und Aufmerksamkeit von Kindern auswirken. Daneben erhärtet sich der Verdacht, dass sie zu Allergien und Übergewicht führen. Darüber hinausgehende schädliche Wirkungen sind nicht auszuschließen. Zu den Azofarbstoffen gehören **E 110 Gelborange, E 102 Tartrazin, E 104 Chinolingelb, E 122 Azorubin, E 124a Ponceau 4 R und E 129 Allurarot AC.** Es ist allgemein ratsam, keine Lebensmittel für Kinder auszuwählen, die Farbstoffe enthalten.

- **Süßstoffe.** Verzichten Sie darauf am besten ganz. Bedenklich sind die Süßstoffe **E 951 Aspartam, E 950 Acesulfam, E 952 Cyclamat, E 954 Saccharin und E 957 Thaumatin, E 960 Steviolglycoside** bzw. Steviosid (wird oft fälschlich als Stevia angepriesen).

- **Geschmacksverstärker.** Zahlreiche Studien deuten daraufhin, dass **Glutamat (E 621)** gesundheitsschädlich ist. Probanden und Konsumenten berichten von Unverträglichkeitssymptomen in Form von Kopfschmerzen oder Übelkeit – Symptome, die auf einen negativen Einfluss auf das Gehirn hinweisen könnten. Einige Ernährungswissenschaftler stellen jedoch infrage, ob Glutamat aus verzehrten Lebensmitteln überhaupt ins Gehirn gelangt. Wissenschaftliche Forschungen deuten jedenfalls daraufhin, dass ein übermäßiger Verzehr von Glutamat zu Übergewicht und Fettsucht führen kann. Abschließende Studien, ob Glutamat wirklich als schädlich einzustufen ist oder nicht, liegen bislang nicht vor. Solange bleibt der Geschmacksverstärker als bedenklich einzuordnen und zu meiden – besonders für Kinder. Synonym für Glutamat werden im Verzeichnis der Zutaten auf den Produkten häufig Begriffe wie „Würze" oder „Aroma" verwendet, um den umstrittenen Zusatz zu verschleiern. Sogar in Bio-Produkten kommt Glutamat teilweise unter dem Decknamen „Hefeextrakt" vor. Ob ungesund oder nicht: Das in Hefeextrakt enthaltene Glutamat verfälscht den natürlichen Geschmack der für ein Lebensmittel verwendeten Naturprodukte und steht unter Verdacht, Sättigungssignale zu überdecken. Am besten wird weitestgehend auf Fertignahrung verzichtet und selbst mit frischen Zutaten gekocht. Übrigens: Auch „natürliche Aromen" sind in erster Linie Zusätze, die im Labor erzeugt werden und für den Verbraucher undefiniert bleiben.

Bei den **E-Nummern** gilt es genau hinzuschauen. Nicht hinter allen verstecken sich krank machende Substanzen und Stoffe. **Keine Bedenken** müssen Sie haben bei **E 140 Chlorophylle** (Es handelt sich lediglich um grüne Farbstoffe, die aus ungiftigen Pflanzen oder Gemüse gewonnen werden.), **E 322 Lecithin** (wird in der Regel aus Pflanzenölen erzeugt), **E 440 Pektine** (Verdickungs- und Geliermittel aus Pflanzen) sowie **E 903 Carnaubawachs** (rein pflanzlich).

> **TIPP**
>
> André Chinnow hat die E-Nummern mit ihren mutmaßlichen Nebenwirkungen in einem Buch für die Verbraucher zusammengestellt **„E-Nummern-Liste der Lebensmittelzusatzstoffe und deren Gefährlichkeit"**, Aachen 2009.

Bio-Produkte, die sich mit den Bezeichnungen **„biologisch", „bio", „ökologisch" oder „öko"** schmücken, sind zu 95 % nach den Richtlinien der **EG-Öko-Verordnung (EG-Öko-Siegel)** hergestellt, die die Anwendung von **Süßstoffen, Farbstoffen, Geschmacksverstärkern und Stabilisatoren** stark begrenzt. Lebensmittelzusatzstoffe sind zugelassen, wenn ohne sie die Herstellung eines Produktes nicht möglich ist und es ansonsten keine Haltbarkeit erreicht. *Bioland* und *Demeter* halten sich sogar an noch strengere Richtlinien. Achtung: Aufschriften wie „aus kontrolliertem Anbau", „natürliche Herstellung" oder „alternativ" zeigen keine Bio-Qualität an.

Belastetes Fleisch

Tiere in der konventionellen Haltung werden mit Futter ernährt, das in der Regel **chemisch-synthetische Zusätze** enthält. Sie werden gemästet. Dabei werden ihnen **Süßstoffe, Hormone und Antibiotika** verabreicht. Besonders bedenklich ist, dass immer mehr **Keime** aufgrund der großzügigen Gabe der Antibiotika in der Tierproduktion gegen diese **resistent werden,** so dass sie bei schweren Krankheitsverläufen, wie Lungenentzündungen und Co. gar keine Wirkung mehr zeigen. Zwar gibt es Gesetze, mit denen beabsichtigt wird, die Verabreichung von Antibiotika streng zu kontrollieren, aber in der Praxis bleiben sie wirkungslos. **Der Einsatz von Antibiotika ist der Regelfall.**

Auf den **Bio-Höfen** werden Antibiotika ausschließlich restriktiv verwendet. Die Tiere werden mit ökologisch angebautem Futter versorgt.

Gentechnik

Der Eingriff in die Gene von Obst und Gemüse ist eine heikle Sache. Fremde Gene in Lebensmitteln haben möglicherweise unvorhersehbare Nebenwirkungen. Es besteht der Verdacht, dass neue, schädliche Stoffe in ihnen erzeugt werden können. Wissenschaftliche Studien geben Anlass zu Sorge und weisen tendenziell auf Gefahren hin. So wurde bspw. das Immunsystem von Mäusen, deren Futter aus Genmais bestand, deutlich herabgesetzt.

Ökoprodukte kommen ohne Gentechnik aus. Lediglich kleinste gentechnisch veränderte Organismen in Form von unvermeidbaren Verunreinigungen werden auch bei Bio-Produkten geduldet.

Nitrit

Nitrat kommt in Pflanzen in unterschiedlicher Konzentration vor und ist zunächst ungefährlich. Werden Lebensmittel aufgewärmt und kühlen dann ab, kann aus Nitrat jedoch **Nitrit** werden, das **krebserregend** ist. Auf das Aufwärmen und Warmhalten von nitratreichem Gemüse wie Spinat, Rote Bete und Rucola sollte im Kindergarten verzichtet werden.

Laut dem aid Infodienst Ernährung, Landwirtschaft, Verbraucherschutz e.V. enthalten **Bio-Produkte** generell weniger Nitrat.

GUT ZU WISSEN

ZAHNPASTA

Im Sinne einer umfassenden Gesundheitserziehung ist es sehr zu begrüßen, wenn die Kinder in der Kita nach dem Frühstück gemeinsam Zähne putzen. Wichtig ist, dass Sie gut kontrollieren, dass jedes Kind nur eine winzige Menge (etwa linsengroß) an Zahncreme verwendet und diese möglichst nicht hinunterschluckt. Viele Zahncremes enthalten bedenkliche Inhaltsstoffe, die gesundheitsschädlich sind. Auch bezüglich der Wahl der richtigen Kinderzahnpasta empfiehlt sich unbedingt ein Blick in die Ausgaben von Öko-Test.

■ Auch Zahncremes können gesundheitsschädliche Stoffe enthalten.

Lebensmittelrisiken der ökologischen Produktion

Die Ökonahrung schneidet in allen fünf Punkten eindeutig besser ab. Kommen wir nun zu den Haken: Dagegen steht zunächst – und dabei handelt es sich um den vielleicht einzig relevanten Einwand – die schon beschriebene möglicherweise erhöhte **Keimbelastung der Bio-Produkte.** Um die Keimbelastung allgemein zu minimieren, heißt es **waschen, waschen und waschen.**

Bei Bio-Produkten sind auch **Schimmelsporen** teilweise ein Problem. So werden immer mal wieder Ökolebensmittel im Test mit „mangelhaft" bewertet. Da die Bio-Produkte in kleinerem Umfang produziert und angeliefert werden, werden die Lastfahrzeuge für Toast z. B. gern zur Mitfahrgelegenheit für Obst und Gemüse. Toast verlangt nach einer trockenen Lagerung. Durch die Feuchtigkeit der Rohkost wird jedoch die Schimmelbildung begünstigt. Neben dem Transport liegt auch eine Ursache dieses Problems darin, dass beim ökologischen Anbau von Obst und Gemüse im Allgemeinen keine Fungizide eingesetzt werden, die die Gefahr einer Schimmelbildung beim traditionellen Anbau deutlich minimieren.

Die Stiftung Warentest hat über acht Jahre hinweg 85 Lebensmitteluntersuchungen durchgeführt und kommt im Jahr 2010 u. a. zu dem Ergebnis, dass Bio-Lebensmittel nicht zwangsläufig besser schmecken. So sind einige Bio-Rapsöle geschmacklich eine Katastrophe. Sie schmecken ranzig.

Ökoprodukte sind aufgrund der fehlenden Zusatzstoffe und künstlichen Düngemittel oft weniger farbenfroh und kleiner als die konventionellen Produkte.

GUT ZU WISSEN

Gewaschen werden müssen aus hygienischen Gründen selbstredend auch die Hände regelmäßig, d. h. vor und nach dem Essen, wenn man von draußen hereinkommt, nach dem Naseschnauben, der Verwendung bestimmter Bastelmaterialien und dem Toilettengang. Da den Kindern das Händewaschen oft sehr lästig ist, übergehen sie die Händewasch-Regel gern oder sie vergessen sie einfach. Hier ist es an den Erzieherinnen, akribisch auf Hygiene zu achten. Auch Sie selbst müssen, um die Ansteckung der eigenen Person oder die Übertragung von Krankheitskeimen zu vermeiden, auf Hygiene achten. Gewickelt wird zum Beispiel mit Einmalhandschuhen, nach dem Naseputzen werden die Hände gewaschen, gehustet wird in die Ellenbeuge, nicht in die Hand. Auch der Einsatz von Desinfektionsmitteln kann durchaus sinnvoll sein. Geht ein Magen-Darm-Infekt herum, lohnt es sich, die Toiletten, Türgriffe und Wasserhähne regelmäßig zu putzen und zu desinfizieren. Bitte verwenden Sie in den Waschräumen nicht ein Handtuch für die ganze Kindergartentruppe. Entweder werden Papiertücher genutzt oder jedes Kind hat sein eigenes Handtuch, das regelmäßig ausgewechselt wird, an einem eigenen, mit einem bestimmten Symbol markierten Haken.

Die Kinder waschen das Bio-Gemüse vor der Verarbeitung.

Am besten ist es, die Bio-Lebensmittel stets frisch einzukaufen, weil sie zum einen **nicht so lange haltbar** sind und zum anderen wertvolle Vitamine mit der Zeit verloren gehen. Der Koch sollte jeden Morgen die Kinder zählen und dann erst einkaufen gehen. So wird so wenig wie möglich weggeworfen.

Ein nicht unwesentlicher, wenn auch begründeter Minuspunkt für die ökologischen Produkte: Sie sind deutlich **teurer.**

Vergessen werden darf nicht, dass wir unsere Kinder nicht automatisch gesund ernähren, wenn wir ihnen Öko-Produkte anbieten. Bio-Schaumküsse zum Frühstück, Öko-Fruchtgummis zum Mittag und Fair-trade-Schokolade zum Abendbrot sind keine ausgewogene Ernährung.

Grundsätzlich raten Toxikologen dazu, sich so abwechslungsreich wie nur möglich zu ernähren. Zum einen erhöht sich damit die Chance einer ausgewogenen Ernährung. Zum anderen wird auf diese Weise tendenziell vermieden, dass von einer Schadstoffart eine gefährlich hohe Menge aufgenommen wird, die der Körper nicht abbauen oder kompensieren kann.

GUT ZU WISSEN

Dass die Ökonahrung mehr Vitamine und Nährstoffe enthält, ist anzunehmen. Ein Mehr an sekundären Pflanzenstoffen konnte in einzelnen Studien bereits nachgewiesen werden, da die Bio-Produkte weniger Wasser enthalten. Pestizide und Lebensmittelzusätze sind auf ein Minimum reduziert, so dass die Kinder kein Gift mitessen! Das Fleisch aus der ökologischen Landwirtschaft eignet sich besser, da Antibiotika nicht prophylaktisch verabreicht werden. Bedenken wegen der Gentechnik erübrigen sich. Auch enthalten Bio-Lebensmittel vergleichsweise weniger Nitrat und Zucker. Ganz abgesehen davon, dass Bio-Produkte dem eigenen Wohle, und vor allem dem unserer Kinder zugute kommen, engagieren sich Ökolandwirte verstärkt für faire Arbeitsbedingungen, eine artgerechte Tierhaltung und die Umwelt.

TIPP

Ausführlich zusammengestellt sind die Vorteile der Bio-Kost in dem von Sarah Wiener eingeleiteten Ratgeber für Ökonahrung **„Bio-Lebensmittel. Warum sie wirklich gesünder sind“** (Dr. Andrea Flemmer, Hannover 2011).

Bio-Nahrung im Kindergarten

Um die Bio-Produkte finanzierbar zu machen, müsste der Essensetat der Kita gegebenenfalls von den Eltern privat aufgestockt werden oder aber der Koch institutionalisiert optimale wirtschaftliche Rituale, die bspw. bestimmen, dass das Frühstück im Turnus von den Eltern im Bio-Laden eingekauft und möglicherweise sogar angerichtet wird. Der Kindergarten muss von seinen Mitteln dann nur noch das Mittagsessen bestreiten. Fleisch und Fisch müssen keinesfalls täglich auf dem Speiseplan stehen, sondern sollten eine Besonderheit darstellen. Einige Bio-Läden bieten für Einrichtungen, in denen Kinder betreut und versorgt werden, **Rabatt-Karten** an. Informieren Sie sich auf der Homepage Ihres örtlichen Bio-Ladens, wie eine solche Karte zu erwerben ist. In der Regel muss ein Antrag ausgefüllt und von der Kita abgestempelt werden.

Vegetarische Ernährung

Kinder vorwiegend ausgewogen vegetarisch zu ernähren, ist in erster Linie eines: gesünder als die dominierende fleischliche Kost. Es werden bei den vegetarischen Mahlzeiten tendenziell mehr ungesättigte Fettsäuren und Ballaststoffe aufgenommen, wogegen Kalorien und gesättigte Fettsäuren eher reduzierter vorkommen. Richtig ist, dass bei einer vegetarischen Form der Ernährung auf den **Eisenhaushalt** zu achten ist. Das Eisen aus Gemüse kann vom Körper nicht so gut verwertet werden wie das Eisen aus Fleisch. Daher müssen eisenreiche Produkte beständig auf dem Speiseplan berücksichtigt werden. Mithilfe von Vitamin C wird Eisen vom Körper besonders gut aufgenommen. So empfiehlt es sich, Salate und andere Mahlzeiten mit frischem Zitronensaft abzuschmecken.
Von einer **veganen Lebensweise** ist dagegen mit Nachdruck abzuraten. Da den Kindern damit bspw. das Kalzium aus der Milch und den Milchprodukten vorenthalten würde, müsste genauestens darauf geachtet werden, welche veganen Produkte die Lücken füllen können. Die richtige vegane Ernährung ist eine Wissenschaft für sich und wird, ob sie sich nun hinsichtlich ihrer gesundheitlichen Qualität vertreten lässt oder nicht, nicht auf die Akzeptanz der meisten Eltern stoßen.

Auch sind **Sojaprodukte** für Säuglinge inzwischen als ungeeignet eingestuft worden und sollten im Kleinkindalter vom Speiseplan gestrichen werden.

TIPP

Eine recht übersichtliche Abhandlung über die vegane Ernährung können Sie als Broschüre bestellen unter **www.ProVegan.info** (→ *Heinrich, Dr. Ernst Walter:* Vegan. Die gesündeste Ernährung und ihre Auswirkungen auf Klima- und Umweltschutz, Tier- und Menschenrechte, 2013.)

Lebensmittelverpackungen

Mit der Wahl von **Plastikverpackungen** geht das Risiko einher, dass sich Schadstoffe aus dem Plastik lösen und in den Lebensmitteln anreichern. **Glas** gilt als sichere Alternative. Allerdings finden sich hin und wieder auch Giftstoffe in den Deckelisolierungen. Vorsicht geboten ist auch bei Papier. Gerade in **Recyclingpapier-Verpackungen** kommen Rückstände in Form von mineralölhaltiger Druckerfarbe vor, die in die Lebensmittel übergehen kann. Es wird vermutet, dass die beim Verzehr vom Körper aufgenommenen Schadstoffe krebserregend sind.

Sicher trinken

Kinder trinken auch im Kindergarten am besten **zuckerfrei.** Früchtetee und Wasser bieten sich an. Daher ist es unerlässlich, das **Leitungswasser testen** zu lassen. Gerade in älteren Gebäuden besteht die Gefahr, dass noch **Bleileitungen** vorhanden sind. Auch von **neu verlegten Kupferleitungen** kann eine Gefahr ausgehen. In den letzten Jahren sind laut der Verbraucherzentrale einige Säuglinge,

Lassen Sie auf jeden Fall das Leitungswasser Ihrer Kita testen!

denen von Kupfer verunreinigtes Leitungswasser verabreicht wurde, an Leberzirrhose gestorben.

Die Verbraucherzentralen raten zur Vorsicht. In einigen Städten ist der Test für Kindergärten sogar kostenfrei. Informieren Sie sich bei den Wasserwerken und Gesundheitsämtern. Sollte der Test in chemischer oder mikrobiologischer Hinsicht negativ ausfallen, müssen Konsequenzen gezogen werden. Werden bauliche Maßnahmen aus finanziellen Gründen ausgeschlossen, muss das Wasser für die Kinder (zum Trinken, Kochen, gegebenenfalls auch zum Zähneputzen oder gar Händewaschen) gekauft werden, was langfristig natürlich auch eine nicht zu unterschätzende finanzielle Belastung ist. **Wasser in Plastikflaschen** kommt nicht infrage, da belegt ist, dass dieses mit **hormonell wirksamen Stoffen verunreinigt** ist. Wissenschaftler gehen von einer gesundheitsschädigenden Wirkung aus. Besonders bei Kindern sei oberste Vorsicht geboten. Bei Mineralwasser aus Glasflaschen dagegen können solche bedenklichen Werte nicht festgestellt werden.

Die Studie von Martin Wagner und Jörg Oehlmann („Endocrine disruptors in bottled mineral water: total estrogenic burden and migration from plastic bottles") ist einzusehen auf → *www.Springerlink.com.*

Bei der Verwendung von Leitungswasser gilt es ferner zu bedenken, dass im Trinkwasser **Rückstände** der von Menschen ausgeschiedenen **Pharmazeutika** enthalten sind. Viele Arzneimittelrückstände können die Kläranlagen nicht vollständig entfernen. Es ist nicht abschließend geklärt, welche Gefahren diese Problematik für den Menschen mit sich bringt. Bisherige Studien geben zwar tendenziell Entwarnung, wirklich beruhigend ist der Gedanke, dass unsere Kindergartenkinder sozusagen schon die Antibabypille schlucken, jedoch nicht.

GUT ZU WISSEN

Seit Dezember 2013 ist der Grenzwert für Blei in Leitungswasser dermaßen herabgesetzt worden, dass Wasser aus Bleileitungen den Vorgaben kaum oder nicht mehr gerecht werden kann, so Fachleute. Der Vermieter muss dafür sorgen, dass die Bleirohre im Leitungssystem des Hauses ausgetauscht werden. Die Änderung der Rechtslage zeigt, wie bedenklich Blei für die menschliche Gesundheit ist und dass die Verbraucher davor zu schützen sind. So sind in dieser Hinsicht optimale Bedingungen geschaffen. Machen Sie unbedingt den Wasser-Test und sich die neue Rechtslage zunutze.

Salz

Die Deutsche Gesellschaft für Ernährung e.V. kommt zu dem Ergebnis, dass Kinder **deutlich zu viel Salz** zu sich nehmen, was zu Bluthochdruck und daraus resultierenden Herz-Kreislauf-Erkrankungen sowie Nierenproblemen führen kann.

TIPP Für Elterninitiativen, in denen die Eltern das Essen selbst kochen, sind folgende Titel empfehlenswert:

- *Tschürtz, Jennifer:* **Gesund essen im Kindergartenalter.** Verlag Maudrich, Wien 2010.
- *Cramm, Dagmar von:* **Das große GU Kochbuch. Kochen für Kinder.** Graefe und Unzer Verlag, München 2010.

Zucker

Auch wenn man weiß, dass Süßigkeiten schädlich sind, ist es dennoch nicht sinnvoll, sie komplett zu verbieten. Zum einen sind Erwachsene diesbezüglich oft schlechte Vorbilder, zum anderen sind Verbote bekanntlich erst recht ein Anreiz. Süße Versuchungen lauern überall. Diese durch die Bank weg zu verbieten, wäre für alle Beteiligten der pure Frust. Aber der Kindergarten ist eine Oase. Wenn es hier keine Süßigkeiten gibt, verlangt auch niemand danach. So ist es absolut unterstützenswert, wenn das **Frühstück im Kindergarten ohne Zucker,** abgesehen natürlich von Fruchtzucker im Obst, auskommt und auch zum **Nachtisch** in erster Linie **frisches Obst** gereicht wird. **Zuckerersatzstoffe (Süßstoffe)** sind im Übrigen ein noch größeres Tabu, da sie erstens gesundheitsschädlich sind und zweitens ihren gewünschten Effekt völlig verfehlen. Studien zeigen immer wieder: Sie sind nicht gesund und machen rund.

Fisch

Dass Fisch gesund ist, steht außer Frage. Enthalten sind wertvolle Omega-3-Fettsäuren und Eiweiß. Leider sind einige Arten stark mit **Schwermetallen,** vor allem mit **Quecksilber,** belastet, die in höherer Konzentration gesundheitsschädlich sind. Laut dem BfR (Bundesinstitut für Risikobewertung) reichern folgende Fische besonders viel Quecksilber an: Hai, Heilbutt und einige Thunfischarten. Dagegen werden Seelachs, Lachs, Hering, Forelle und Karpfen als unbedenklich eingestuft.

„Esspedition"

Haben Kindergärten im Bereich gesunde Kinderernährung Nachholbedarf, empfehle ich die **Initiative „Beki" („bewusste Kinderernährung")** des Landes Baden-Württemberg. Mitarbeiter der Initiative beraten Kindergärten und stellen Materialien zur Verfügung, die die Kita auf dem Weg zur Beki begleiten (→ Info-Ordner „Esspedition Kindergarten"). Informieren Sie sich bei Bedarf auf der Webseite des Ministeriums für Ländlichen Raum und Verbraucherschutz Baden-Württemberg. Seit 2011 können Kindergärten in diesem Zusammenhang auch ein Zertifikat erwerben, das ihnen die „bewusste Kinderernährung" bescheinigt.

TIPP Der Newsletter von **foodwatch** (→ *www.foodwatch.de*) informiert über Lebensmittelskandale.

Projektideen

Die Kinder legen sich eine kleine Plantage an und pflanzen einen Kirschbaum.

Wenn die Kinder im Kindergarten **ihre eigenen Beete bestellen** (ansonsten halten auch Blumentöpfe auf der Fensterbank dafür her) und beobachten, wie ihre Pflanzen wachsen, verzeichnen sie Erfolgserlebnisse. Sie müssen aber auch kleinere und größere Rückschläge einstecken. Einige Pflänzchen sind schwach und knicken ab, andere werden von Schnecken aufgefressen oder von Blattläusen befallen. Besonders enttäuschend ist es, wenn Obst und Gemüse angepflanzt wird (sehr beliebt sind Kürbisse für Halloween) und die Früchte von Schädlingen angefressen werden und verfaulen. Den Kindern stellen sich diesbezüglich viele Fragen. Sie wollen wissen, wie sie ihre Pflanzen davor beschützen können. Im Gespräch gilt es den Kindern zu erklären, dass es **verschiedene Pflanzenschutzmittel** gibt, natürliche und chemische. Vor- und Nachteile können besprochen und diskutiert werden. Schnell wird klar, warum chemische Mittel nicht infrage kommen. Sie sind giftig. Einige natürliche können ausprobiert werden. Ausgehöhlte Ananasse dienen möglicherweise als Schneckenfallen. Blattläuse dürfen mit einer Lauge aus Wasser und Kernseife besprüht werden. Pflanzen können mit Brennnesseljauche gedüngt werden: In einem Gefäß mit Deckel werden zerkleinerte Brennnesseln für ca. drei Wochen in Regenwasser angesetzt. Wenn die Kinder das stinkende Düngemittel das erste Mal verwenden, rümpfen sie meist die Nasen. Ihnen leuchtet sofort ein, dass Früchte vor dem Verzehr unbedingt abgewaschen werden müssen. Wie nebenbei werden die **Kinder zu kleinen Bio-Bauern** und erleben auch deren Mühe und Anstrengung. Die natürlichen Mittel stoßen an ihre Grenzen. Schnecken sind hartnäckig. In regenreichen Sommern müssen sie ununterbrochen abgesammelt werden. Und dann? Was passiert mit den Schnecken? Vielleicht an einen anderen Ort bringen, wo sie keinen Schaden anrichten können, sich aber trotzdem wohlfühlen, z. B. auf den Kompost. Oder aber es wird ein **Schneckenterrarium** aufgestellt und die Tiere werden nach einiger Zeit im Park ausgesetzt. Vorher lassen sich interessante Versuche mit den Schnecken anstellen: Schnecken versorgen mit Futter (Salat, Karotten, Haferbrei) und Wasser; verschiedene Landschaften in den Terrarien anlegen und herausfinden, wo sie sich am wohlsten fühlen; Schneckenrallyes veranstalten.

Wenn kein „Ackerland" im Kindergarten vorhanden ist, bietet es sich an, **Fallobst** mitzubringen, um in das Thema einzusteigen. Die Kinder können Vermutungen anstellen, warum Löcher in den Früchten sind. Im Anschluss kann das Bilderbuch „Die Raupe Nimmersatt" gemeinsam betrachtet werden.

Sind die Kinder im Bilde über die **Schädlingsproblematik** bei Obst und Gemüse, lohnt es sich, mit ihnen im Bio-Laden und vergleichsweise im Discounter das Obst zu betrachten und gegebenenfalls zu fotografieren. Welcher Unterschied fällt den

Die Kinder gehen gemeinsam mit dem Koch einkaufen.

Kindern auf? Gemeinsam wird für das nächste Mittagessen eingekauft, natürlich im Bio-Laden. Die Kinder wollen lieber die kleinere blassere Paprika, Hauptsache, es ist kein Gift drauf! Häufig ist es so, dass die Kinder nach einem Ernährungsprojekt in dieser Form sogar zu Hause auf ungespritztes Obst und Gemüse bestehen und die gesunde Lebensweise hier und da auch außerhalb des Kindergartens Einzug hält. Am wirkungsvollsten ist eben nicht die gelehrte Lektion, sondern wenn den Kindern selbst durch eigene Erfahrung etwas bewusst wird und sie darüber zu einer eigenen Entscheidung kommen.

Bevor Obst und Gemüse verarbeitet werden, wandern sie in die **Fühlkisten und Tastbeutelchen,** danach können sie von den Kindern zu einem **Stillleben** arrangiert und abgezeichnet werden oder aus **Salzteig** nachgebildet werden. Im **Kaufmannsladen** können die Kinder dann ihre Ernte kaufen und verkaufen oder tauschen. Wenn eine Waage zur Verfügung steht, kann auch mit dem Gemüse gespielt werden. Welches Gemüse ist das leichtere bzw. schwerere, der Maiskolben oder etwa die Aubergine? Den Kindern bereitet es große Freude, Hypothesen über das Gewicht der Früchte aufzustellen. Bevor die Früchte dann in die Küche kommen, werden sie gemeinsam gründlich gewaschen und getrocknet. Es lassen sich auch beim Kochen einige Entdeckungen anstellen: Verliert das Gemüse Form oder Farbe? Wie riecht es? Die Kinder freuen sich riesig auf das selbst besorgte und selbst gekochte Mittagessen.

Großen Spaß bereitet auch die Variation des Spiels „Mein rechter, rechter Platz ist frei", die „Salatschleuder". Jedes Kind bekommt eine Karte mit einer Gemüsesorte. Die Erzieherin oder ein Kind ruft z. B. „Zucchini und Tomate!" und die betreffenden Kinder tauschen die Plätze aus. Bei „Salatschüsselschlamassel" wechseln alle Kinder die Plätze.

Natürlich können die Kinder in Kleingruppen und im Turnus auch bei der Zubereitung des Essens mit eingebunden werden. Gemüse schmeckt doppelt so gut, wenn es selbst zubereitet wurde. Auch wird dem Essen eine ganz andere Wertschätzung ent-

Die Kinder bereiten ihr Mittagessen selbst zu.

gegengebracht, wenn es selbst gekocht oder sogar aus eigenem Anbau ist. Diese Wertschätzung ist die Voraussetzung für bewusstes Essen, das Essstörungen entgegenwirkt. Schon die Zweijährigen werden sehr schnell geschickt beim Schälen und Schnippeln. Vorsicht bei stumpfen Messern: Die Kinder rutschen leicht ab und schneiden sich.

Besuchen Sie mit den Kleinen lieber keine konventionellen Fleischhöfe. Die Kinder kann es sehr belasten zu sehen, wie wenig artgerecht die Tiere gehalten werden. Da sie es nicht in der Hand haben, die Zustände zu ändern und einfach damit leben müssen, dass es sie gibt, werden sie überfordert.

Kurz + knapp

- *Es existieren bislang keine abschließenden Studien, die eindeutig belegen, dass Bio-Produkte hinsichtlich ihrer gesundheitlichen Qualität tatsächlich besser abschneiden als Lebensmittel aus der konventionellen Produktion. Dennoch lässt ein detaillierter Blick auf die* ***Lebensmittelrisiken*** *den Schluss zu, dass biologisch erzeugte Lebensmittel gesünder und damit als die sichereren Lebensmittel einzustufen sind.* ***Pestizidrückstände*** *sowie* ***Lebensmittelzusatzstoffe*** *sind deutlich reduziert. Das Fleisch ist weniger mit Keimen belastet, die gegen* ***Antibiotika*** *resistent sind. Auf* ***Gentechnik*** *wird verzichtet.*
- *Bio-Lebensmittel sind* ***teuer****. Ohne die Unterstützung der Eltern wird der Essensetat der Kita deren Verwendung in der Regel nicht hergeben. Gemeinsam muss beratschlagt werden, welche Art und welchen Umfang der Zusammenarbeit es bedarf, um Bio-Lebensmittel in der Kita realisierbar zu machen.*
- *Ein verantwortungsbewusster Umgang mit Lebensmitteln impliziert, dass Obst und Gemüse vor dem Verzehr oder der Verarbeitung* ***gründlich gewaschen*** *werden.*
- *Ob biologisch oder nicht, es steht fest, dass es der Gesundheit zuträglich ist,* ***wenig Fleisch, Zucker, Salz und schlechte Fette*** *in Form von gesättigten Fettsäuren, dafür aber großzügig Gemüse, Obst und Vollkornprodukte zu konsumieren. Nach wie vor dient hier die klassische Lebensmittelpyramide als Orientierung.*
- *Vegetarische oder gar vegane Ernährungsweisen in der Kita sind unverantwortlich, wenn sie aus einem Trend heraus ins Leben gerufen werden. Dafür bedarf es eines fundierten ernährungswissenschaftlichen Wissens. Die* ***Wahl der richtigen Lebensmittel*** *und ihr Zusammenspiel müssen genauestens durchdacht sein, um Mangelerscheinungen, bspw. hervorgerufen durch zu wenig Eisen oder Kalzium, auszuschließen.*
- *Grundsätzlich raten Toxikologen dazu, sich so* ***abwechslungsreich*** *wie nur möglich zu ernähren.*
- *Gekocht wird vorzugsweise mit* ***frischen Zutaten****. Dazu zählt auch, dass mit frischen Kräutern und nicht etwa mit Würzmischungen abgeschmeckt wird. Allgemein wird auf Fertigprodukte wie Tiefkühlpizza oder Eintöpfe aus der Dose verzichtet, um Zusatzstoffe auszuschließen.*
- *Sichere Ernährung im Kindergarten bedeutet auch, genau zu überdenken, was die Kinder zum* ***Trinken*** *gereicht bekommen. Wasser steht in der Prioritätenliste an erster Stelle, auf dessen einwandfreie Qualität und Aufbereitung geachtet werden muss.*
- *Die Kinder können in Projektform sowohl an der Anpflanzung, dem Einkauf als auch der Zubereitung von Lebensmitteln teilhaben. Es zeigt sich, dass gesunde Lebensmittel in der Folge viel lieber gegessen werden. Auch bringen die kleinen Bio-Bauern und Köche ihrem Essen eine ganz andere* ***Wertschätzung*** *entgegen, so dass Essstörungen frühzeitig entgegengewirkt wird.*

4 Bewegte Sicherheitserziehung und Unfallprophylaxe

Um Kinder **vor Unfällen zu beschützen,** müssen zwei Parameter erfüllt sein: Zum einen müssen **Sicherheitsvorkehrungen** getroffen werden und zum anderen sollte eine **Sicherheitserziehung** bereits im Kleinkindalter beginnen, indem auf Gefahren aufmerksam gemacht wird und indem die Kinder Erfahrungen machen dürfen, bei denen sie sich mit „geringen" bzw. berechenbaren Gefahren auseinandersetzen können. Zu bedenken ist dabei, dass sich ein **Gefahrenbewusstsein** erst ab ungefähr vier Jahren bildet. Und da sich das vorausschauende Denken bei Kindern im Prozess vollzieht, kann von ihnen auch dann noch nicht erwartet werden, dass sie Gefahren identifizieren und rechtzeitig abwenden können. Unfälle kommen bei kleinen Kindern auch deshalb besonders häufig vor, weil ihre Seh- und Hörfähigkeit, ihr Reaktions- und logisches Denkvermögen sowie ihre Motorik noch nicht ausgereift sind. Zudem sind sie schnell abgelenkt. Es fällt ihnen schwer, sich über einen längeren Zeitraum auf etwas zu konzentrieren. Auch Abstände oder Geschwindigkeiten richtig abzuschätzen, ist eine große Leistung, die nicht vorausgesetzt werden kann. So kommt der ersten Säule „Sicherheitsvorkehrungen" im Kindergartenalter eine besondere Bedeutung zu. Leider werden diese nicht überall wirklich ernst genommen. Häufig wird erst dann etwas unternommen, wenn bereits etwas passiert ist. Dabei zeichnet uns Erwachsene das **vorausschauende Denken** gerade aus. Also sollte es auch genutzt werden. So wie bspw. die Montessori-Pädagogen ihre volle Konzentration auf die sogenannte „vorbereitete Umgebung" richten, damit die Kinder optimal lernen können, müssen die Kindergärten die ihrige auf eine **sichere Umgebung** ausrichten!

TIPP

Näheres zur kindlichen Entwicklung im Hinblick auf die Unfallgefahr können sie lesen im **Elternratgeber zur Unfallverhütung im Kleinkindalter. Kinder schützen – Unfälle verhüten,** herausgegeben von der Bundeszentrale für gesundheitliche Aufklärung (kostenlos zu bestellen unter BZgA, 51101 Köln oder per E-Mail: order@bzga.de).

Besondere Bedingungen für Krippenkinder

Generell gilt: Je jünger die Kinder sind, umso umsichtiger müssen sie beaufsichtigt werden. Besonders pingelig müssen die Sicherheitsvorkehrungen in den von den **Krippenkindern** genutzten Räumlichkeiten umgesetzt werden. Gerade in **altersheterogenen Gruppen** kommt es schnell vor, dass die besonderen Bedingungen, die bei den Kleinen zu bedenken sind, nicht ausreichend berücksichtigt werden. So finden sich in vielen Gruppenräumen, in denen auch Unter-Dreijährige untergebracht sind, offen zugängliche Murmelbahnen. Glaskugeln im Mund hinterlassen ein angenehmes Gefühl, verschluckt können sie aber verheerende Folgen haben – so wie vieles andere **kleinteilige Spielzeug** auch. Daher richten zahlreiche Kitas Krippengruppen ein. Auf diese Weise sind die Kleinen von Spielsachen, die für sie gefährlich werden könnten, abgeschirmt und die Großen können in ihren Gruppenräumen ungestört damit hantieren. Die Frühschicht, während der die Kinder aller Gruppen zusammengefasst betreut werden, findet aus genannten Gründen ausschließlich in den Räumen der Krippengruppen statt. In altersgemischten Gruppen können „Ordnungsamt-Rollen" helfen, das Bewusstsein der Größeren dafür zu schärfen, dass die Kleinsten gerade nicht mit den winzigen Spielsachen spielen dürfen. Dafür werden Toilettenpapierrollen blau bemalt. Mittels weißer Farbe können sie mit „OA" (Ordnungsamt) beschriftet werden. Spielsachen, die durch die Röhren passen, dürfen nicht in die Hände der Unter-Dreijährigen gelangen. Die Kinder lieben es, darauf achtzugeben und zu kontrollieren, ob von einem Spielmaterial eine Gefahr ausgehen kann. Selbstredend bedeutet das nicht, dass die Erzieherinnen diesbezüglich in ihrer Aufsichtspflicht nachlässiger werden können. Auch wenn verschluckte Gegenstände in der Regel ohne Beeinträchtigungen für die Gesundheit wieder ausgeschieden werden, kommt es immer wieder vor, dass Kinder daran ersticken. Kleinteiliges Spielzeug daher besser nur auf Nachfrage an die „Großen" herausgeben.

Unter diesem Aspekt muss auch bei der **Essensauswahl** das Alter der Kinder berücksichtigt werden. So eignen sich z. B. Äpfel mit Schale, rohe Möhren und Nüsse aufgrund ihrer Konsistenz nicht für die Unter-Dreijährigen. Diesbezüglich gilt es, sich gut mit den Eltern abzustimmen. Möchten Sie selbst auf der sicheren Seite sein, so empfiehlt es sich, einen Fragebogen auszuteilen, auf dem die Eltern verzeichnen oder ankreuzen sollen, was ihre Kinder schon essen dürfen und was nicht. Der Fragebogen sollte möglichst von beiden Elternteilen unterschrieben werden.

Draußen eifern die Kleinen ihren größeren Vorbildern gern nach. Viele **Außenspielgeräte** sind aber erst für Kinder ab drei Jahren entwickelt und vorgesehen. Möglicherweise macht es Sinn, im Kindergarten einen **eigenen Bereich für die Kleinsten** einzurichten, in dem die Spielmöglichkeiten auf die Altersstufe abgestimmt sind.

Natürliche Kleinteile im Außenbereich sind gänzlich kaum vermeidbar. Daher müssen die Krippenkinder draußen unter besonderer Beobachtung stehen.

■ Krippenkinder spielen auf Miniatur-Außenspielgeräten.

NICHT VERGESSEN!

- *Denken Sie daran, regelmäßig die* ***Erste-Hilfe-Kurse*** *aufzufrischen. Viele Unfälle verlangen nach einem sofortigen adäquaten Handeln bis hin zu lebensrettenden Maßnahmen, die unmittelbar abgerufen werden müssen. Machen Sie sich bewusst, dass Ihr Verhalten nach einem schwerwiegenden Unfall über Leben und Tod entscheiden kann und welche Verantwortung Ihnen damit zukommt. Wenn Sie sich kontinuierlich fortbilden, gibt Ihnen Ihre Kompetenz die Sicherheit, für den Notfall gerüstet zu sein.*
- *Tragen Sie Unfälle konsequent in das* ***Verbandsbuch*** *der Kita ein. Sollten Sie den Eltern gegenüber die Empfehlung ausgesprochen haben, einen Arzt aufzusuchen (z.B. bei einer Kopfverletzung), vermerken Sie den Inhalt der Beratung bitte schriftlich.*

Sicherheitsbeauftragte im Kindergarten

Allgemein müssen die **Innen- und Außenspielbereiche** im Kindergarten gleichermaßen abgesichert und regelmäßig überprüft werden. Dafür bieten sich **Checklisten** an, die aufgrund der individuellen Gegebenheiten und Bedingungen selbstredend zu ergänzen sind (siehe unten). Es ist sinnvoll, darüber Protokoll zu führen.

Die Aufgabe kann an eine **Sicherheitsbeauftragte** übergeben werden. Genauer gesagt sind Einrichtungen mit mehr als 20 Beschäftigten, zu denen die Kinder in diesem Fall sogar hinzugerechnet werden, verpflichtet, einen Sicherheitsbeauftragten zu ernennen (§ 22 SGB VII). Generell ist die Unterstützung der Kitas von zumindest einem Sicherheitsbeauftragten obligatorisch (Anlage 2 der GUV-V A1 für Kindertageseinrichtungen). Themen des Sicherheitsbeauftragten sind bspw. Aufsichtspflicht, Außenspielgeräte, Einrichtung. Als Sicherheitsbeauftragte kann jede Erzieherin einer Einrichtung fungieren. Bestehen Sie darauf, dass Ihre Kita die Bestellung eines Sicherheitsbeauftragten ernst nimmt.

Im Sinne eines Qualitätsmanagements können sich Kindergärten im Übrigen auch **als sicherer Kindergarten zertifizieren** lassen. Fragen Sie nach, ob die Kita ein solches Gütesiegel bereits erworben hat, oder regen Sie direkt an, an einem solchen Unternehmen teilzunehmen. Sicherheitsmängel werden dabei häufig aufgedeckt.

Wenn Sie wissen möchten, wie **gesetzlich** versucht wird, Sicherheit in Kindergärten herzustellen, können Sie über die Unfallkassen die „Unfallverhütungsvorschrift (UVV) Kindertageseinrichtungen" (Kennnummer GUV-V S2) anfordern (→ *www.unfallkasse-berlin.de*). Die UVV gilt auf Bundesebene und wird mit den „Regeln zur Sicherheit und zum

Gesundheitsschutz in Kindertageseinrichtungen" (Kennnummer GUV-SR S2) weiter ausgeführt.

TIPP

Leiterinnen von Kindergärten sollten die Zeitschrift **„Recht und Sicherheit in der Kita. Der Sicherheitsberater für Leiterinnen"** abonnieren. Rechtliche und praktische Tipps helfen, die Kinder sicher zu betreuen und sich somit (rechtlich) selbst auf der sicheren Seite zu wissen. Die Zeitschrift erscheint monatlich und kostet pro Ausgabe 9,95 Euro (zu bestellen unter: *www.pro-kita.com*).

Unerlässlich ist es, die Kinder auf Gefahren in der Kita aufmerksam zu machen und **Gefahrenstellen gemeinsam zu markieren.** Die Kinder werden zu kleinen „Autsch-Detektiven" ernannt. Sie sollen bspw. durch ihren Raum gehen und überlegen, woran man sich wehtun kann. Besonders häufig kommt es bspw. vor, dass Kinder ihre Finger in Türzargen klemmen. Es kann zu schwerwiegenden Quetschungen von Fingern kommen und sogar eine Amputation nötig werden. Ist über die Gefahr gesprochen worden, immer in Verbindung mit der Thematisierung der Erfahrungen, die die Kinder diesbezüglich selbst bereits gemacht haben, können die Türzargen, die abzusichern sind, markiert werden. Dafür eignen sich Motiv-Aufkleber. Die Form ist frei wählbar. Es gibt neongrelle Aufkleber als Ausrufezeichen oder Tatzen, die symbolisch für Samtpfötchen stehen können. Sie bedeuten: Vorsicht! Hier bewegen wir uns mit Bedacht! In gleicher Weise kann verfahren werden mit Schubladen, Schranktüren, Schwellen, Wippen usw.

Unerlässlich ist es, den Kindern beizubringen, wie sie selbst sich verhalten müssen, wenn ein Unfall geschehen ist. Oberste Maxime: **Hilfe holen.** Die Kinder müssen verinnerlichen, dass sie sofort eine erwachsene Person zu Hilfe holen, wenn sich ein Unfall ereignet hat – auch dann, wenn sie sich selbst dafür verantwortlich fühlen und eine Strafe fürchten.

Für die Erzieherin heißt es im Moment des Unfalls zu klären, was sich ereignet hat, Trost zu spenden, ggf. Erste Hilfe zu leisten und die Feuerwehr bzw. den Notarzt zu rufen.

■ Klären Sie nach einem Unfall, was zu tun ist. Strahlen Sie Ruhe aus, auch wenn die Situation dramatisch ist.

Sicherheit im Innenbereich

Böden

- ✓ Es liegen keine Teppiche oder Läufer aus, über die die Kinder stolpern können.
- ✓ Kabel sind unter Kabelleisten verlegt und somit für die Kinder unzugänglich.
- ✓ Böden werden nach dem Wischen gut getrocknet.
- ✓ Die Hausschuhe der Kinder haben eine rutschfeste Sohle aus Gummi oder Naturkautschuk. Filz- oder Ledersohlen werden mit der Zeit häufig zu regelrechten „Schlittschuhen".

Wände

- ✓ Alle Steckdosen sind mit Kindersicherungen versehen.
- ✓ Steckdosen und Kabel sind unbeschädigt.
- ✓ Die unter einer Höhe von 1,50 Meter verglasten Fenster und Türen sind mit einer Splitterschutzfolie versehen, sofern kein Sicherheitsglas verwendet wurde.
- ✓ Fenster, Balkone und Außentüren sind mit Kindersicherungen ausgestattet.
- ✓ Die Türzargen sind mit Sicherungen versehen, um zu vermeiden, dass sich die Kinder die Finger klemmen.

Einrichtung

- ✓ Die Möbel sind mit der Wand oder dem Fußboden verschraubt, so dass sie nicht umkippen können, wenn sich an ihnen z. B. hochgezogen oder festgehalten wird.
- ✓ Treppen sind (möglichst beidseitig) mit Geländern und ggf. mit Schutzgittern versehen.
- ✓ Die Handläufe weisen einen Durchmesser auf, der den Kindern ermöglicht, sich sicher daran festhalten zu können.
- ✓ Die Trittflächen der Treppen sind aus rutschfestem Material oder entsprechend beklebt.
- ✓ Ecken und Kanten sind abgerundet oder werden mit Kantenschutz abgesichert.
- ✓ Schubladen sind so blockiert, dass sie nicht herausgezogen werden können.
- ✓ Für Dekozwecke (Topf- und Kübelpflanzen, Blumengestecke und -sträuße) finden nur ungiftige Blumen Verwendung.
- ✓ Vor der Küche ist ein Schutzgitter angebracht.
- ✓ Der Herd ist zusätzlich durch ein Gitter oder eine anderweitige Umrandung abgeschirmt.
- ✓ Medikamente, Reinigungs- und Desinfektionsmittel, Farben etc. sind in einem abgeschlossenen Schrank untergebracht.
- ✓ Elektroanlagen und -geräte werden regelmäßig kontrolliert, um Brände zu vermeiden.
- ✓ Die Räume sind ausreichend beleuchtet, so dass den Kindern kritische Stellen (Ecken und Kanten usw.) in den Blick fallen.

Spielzeug

- ✓ In allen Räumen, in denen Kinder unter drei Jahren spielen, steht kein Spielzeug zur Verfügung, das kleiner als ein Tischtennisball (ca. 4,5 cm) ist. Die Unfallkasse verbietet Kleinteile unter 31,7 mm.
- ✓ Das Spielzeug weist keine ablösbaren Kleinteile auf.
- ✓ Batterien oder Magnete in und an Spielmaterial können von den Kindern nicht entfernt werden.
- ✓ Das Material, aus dem das Spielzeug gefertigt wurde, ist unbedenklich (→ *siehe Kapitel 2*).
- ✓ Spielsachen werden nicht in Tüten aufbewahrt, die sich die Kinder über den Kopf ziehen können.
- ✓ Schnüre und Bänder werden unzugänglich aufbewahrt (Strangulationsgefahr).

Sicherheit im Außenbereich

Die Außenspielgeräte müssen mindestens einmal jährlich von einem Fachmann begutachtet werden (z. B. vom TÜV oder der DEKRA). Daneben muss die Kita regelmäßige Sicht- und Funktionskontrollen vornehmen. Auch hierfür bieten sich Checklisten an, die auf die Besonderheiten vor Ort abgestimmt sind. Sinnvoll ist es, die Geräte auf Verkehrssicherheit zu überprüfen, indem man sie selbst ausprobiert.

Spielgeräte

- ✓ Es sind keine defekten, verrosteten oder verrotteten Stellen oder Teile auszumachen.
- ✓ Es stehen keine Holzsplitter ab.
- ✓ Die Schrauben werden regelmäßig nachgezogen (Trampolin!).
- ✓ Die Gelenke sind geölt.
- ✓ Es ist kein Knarren oder Quietschen zu hören.
- ✓ Die Geräte sind stabil und wackeln nicht.
- ✓ Der Sand im Sandkasten ist sauber und aufgefüllt.
- ✓ Netze, Taue und Ketten sind unbeschädigt.
- ✓ Planschbecken gehören nicht in den Kindergarten bzw. müssen direkt nach dem Gebrauch entleert werden und dürfen nie unbeaufsichtigt bleiben.

Umzäunung

- ✓ Der Zaun hat keine Löcher oder sonstige Schäden.
- ✓ Die Zäune laden nicht zum Klettern ein. Sie sind nicht mit scharfen Spitzen oder Stacheldraht versehen.
- ✓ Die Eingangstore lassen sich problemlos öffnen und schließen und weisen auch sonst keine Mängel auf. Es existiert eine Kindersicherung.

Böden und Wege

- ✓ Es sind keine Pflastersteine lose.
- ✓ Im Boden sind keine Stolperlöcher.
- ✓ Es ist ausreichend Fallschutzmaterial (Sand, Rindenmulch) unter Spielgeräten vorhanden. Zu bedenken ist jedoch, dass Rindenmulch dazu beitragen kann, dass Standbeine aus Holz faulen.

Kleidung

- ✓ Die Mützen der Kinder haben keine Bänder. Auch Kordeln und Schnüre an der übrigen Kleidung sind ggf. entfernt.
- ✓ Kapuzen sind lediglich mit Druckknöpfen an den Jacken befestigt.

Bepflanzung

- ✓ Es haben sich kein giftiges Unkraut oder Pilze ausgesät.
- ✓ Büsche und Sträucher sind so zurückgeschnitten, dass die Kinder sich an den Ästen nicht verletzen können.
- ✓ Morsche Äste an Bäumen sind entfernt.

Wasser

- ✓ Es existieren keine Teiche, Regentonnen oder andere Behälter, in denen Wasser aufgefangen wird.

Sichere Kindergarten-Spielplätze

Ausgehend von den USA tendieren viele Länder dazu, Spielplätze allgemein sicherer zu machen, da Unfälle an der Tagesordnung sind. Spielgeräte werden in Dimensionen gebaut, dass sich die Kinder vorkommen wie Gulliver bei den Zwergen. Sollten die Kindergärten sich diese Bewegung für ihren Außenspielbereich als Vorbild nehmen?

Man kann sich mancherorts schon fragen, ob Klettergerüste und Rutschen wirklich funk- bzw. fernsehturmgroße Ausmaße annehmen müssen. So häufig darüber mit den Kindern auch gesprochen wird, Drängeln, Schubsen oder sagen wir, „die Aktivität des Vordermannes etwas beschleunigen" gehören zum Kindergartenalltag. Regeln werden gebrochen, auch wenn sie von den Kindern selbst entwickelt wurden. Kleine Kinder reiten auf Ponys, große auf Pferden. Kindergartenkinder müssen nicht den Mount Everest besteigen, sondern begnügen sich auch mit dem Berliner Teufelsberg.

Aber andererseits darf es auch nicht dazu kommen, dass die Außenspielbereiche bei den Kindern nur noch ein müdes Gähnen hervorlocken, denn sie sollen ja **zur Bewegung unbedingt motivieren.** Außerdem suchen Kinder sonst verstärkt Nervenkitzel an anderen Orten, an denen das Gefahrenpotential dann vielleicht deutlich höher ist.

Der Außenspielbereich sollte so gestaltet sein, dass er **Herausforderungen** bietet, die Kindern ermöglichen, ihre **Ängste hinter sich zu lassen** und zunehmend **Zutrauen in ihre eigenen Fähigkeiten** zu gewinnen, aber auch ihre **Grenzen zu erkennen.** Psychische und motorische Faktoren bedingen einander dabei. Natürlich spielt das Alter der Kinder eine entscheidende Rolle. Was für ein älteres Kind vielleicht eine solche Herausforderung darstellt, ist für ein jüngeres ein unverantwortliches Wagnis. Viele Kindergärten nehmen bewusst erst Kinder ab drei Jahren auf, um ihnen eine sichere Umgebung

Zwei Kinder sind auf das Dach eines Spielhauses geklettert.
Der Boden darunter ist aus weichem Sand. Die Risikosituation ist moderat.

garantieren zu können. Andere Kindergärten setzen wie bereits erwähnt auf eigene Spielbereiche für die Kleinen oder verstärken ihre Aufsicht an heiklen Spielgeräten. Aus pädagogischer Sicht haben moderate Risikosituationen aufgrund oben genannter Gründe durchaus eine hohe Bedeutung.

Bei all den Überlegungen hinsichtlich der Außenspielgeräte gilt auch zu berücksichtigen: Je unstrukturierter und natürlicher die Umgebung ist, desto kreativer bewegen sich die Kinder in dieser und umso verstärkter spielen sie gemeinsam! Trotzdem sind einige Klassiker wie der Sandkasten, der Sinneserfahrungen par excellence ermöglicht, natürlich nicht mehr wegzudenken. Aber kleine und große Abenteuer sind nicht zwangsläufig an ausgefallene Außenspielgeräte gebunden.

Natürliche Spielgeräte wie Kletterbäume finden Kinder großartig. Überprüfen Sie unbedingt, ob der Baum sicher ist. Es gelten die Vorschriften für Spielplatzgeräte (DIN EN 1176). Es liegt beim Kindergarten, die sogenannte Verkehrssicherungspflicht einzuhalten, um zu verhindern, dass sich die Kinder verletzen. Natürliche Spielgeräte müssen genau wie „künstliche" turnusmäßig einer Überprüfung und Wartung unterzogen werden. Auch hier gilt zu bedenken, dass eine Kletterhöhe über drei Meter unverantwortlich ist. Darüber hinaus muss unter dem Baum Sand oder Rindenmulch verteilt werden, um im Falle eines Sturzes das Schlimmste zu vermeiden. Spitze Äste müssen entfernt werden. Der Baum muss vor Gesundheit strotzen.

In einigen Kindergärten ist es den Kindern untersagt, mit **Stöcken** zu spielen, da es immer wieder zu Verletzungen kommt. Es ist jedoch vertretbar, den Kindern diese nicht vorzuenthalten, sofern der richtige Umgang damit trainiert wird. Wichtig ist es, den Kindern konkret beizubringen, wie sie mit Stöcken zu hantieren haben: „Mit Stöcken in der Hand laufen wir langsam und tragen sie seitlich neben uns mit der Spitze nach unten. Wir richten die Stöcke nicht auf andere Kinder. Beim Klettern legen wir die Stöcke vorher ab."

Auch das **Trampolin** liegt im Trend. Die **Unfallstatistik** hat sich seitdem jedoch deutlich erhöht. Blaue Flecken, Beulen und Nasenbluten? Würde man die Kinder später fragen, haben die sich gelohnt. Trotzdem, minimieren Sie das Risiko. Trampolin geht nicht ohne Regel: Mehr als zwei Kinder gehören nicht gleichzeitig darauf. Bitte führen Sie diese Regel nicht erst ein, wenn die erste halbe Zunge im Eisbeutel ins Krankenhaus gefahren und seinem Besitzer mit freundlichen Grüßen wieder angenäht worden ist.

Ein wichtiger Beitrag zur Sicherheitserziehung ist geleistet, wenn im Kindergarten generell **klare Spielplatzregeln** existieren. Auch diesbezüglich bietet es sich an, mit den Kindern ein paar Verse zu rappen, damit sie die Inhalte verinnerlichen.

Lasst uns auf den Spielplatz geh'n
und dabei nach den andern seh'n.

Stellt euch an und drängelt nicht,
so geht es fix für dich und mich.
Erst du, dann ich, dann andersrum,
denn schubsen finden alle dumm.

Drinnen bleiben fällt uns schwer,
wir spielen draußen, und zwar fair!
Yeah!

Aus psychologisch-pädagogischer Sicht ist es allgemein wichtig, **Regeln positiv** zu formulieren und mit ihnen zu definieren, was im Einzelnen getan werden soll. Die Treppen-Regel könnte bspw. lauten: „Wir laufen die Treppen langsam hinunter und halten uns an den Handläufen fest!" Irritierend und nicht handlungsorientiert wäre dagegen: „Nicht rennen!"

Die Wahrscheinlichkeit, dass einem Kind eine kostbare Vase herunterfällt, ist nach der Bemerkung „Lass die Vase nicht fallen! Sie ist sehr wertvoll!" deutlich höher, als wenn es mit den Worten aufmerksam gemacht worden wäre: „Trag die Vase bitte mit beiden Händen und laufe in Ruhe!" Auch Appelle sollten immer eine **klare Handlungsanweisung** beinhalten.

Projektideen

Die Kinder üben sich im Balance-Halten. Was einfach aussieht, ist für sie eine kleine Herausforderung.

Alle folgenden Projekte sind in obigem Sinne unter der Maxime entwickelt, Kinder an Gefahren heranzuführen und sie eigene Erfahrungen sammeln zu lassen, so dass sie lernen, Gefahren zu identifizieren und einzuordnen und richtig darauf zu reagieren. Immer unter der Berücksichtigung dessen, was im Hinblick auf das Alter und die individuelle Situation vertretbar und angemessen, das bedeutet in erster Linie berechenbar, ist. So unvereinbar es klingt, vorgestellt werden „sichere Gefahren-Projekte".

Dauerprojekt: Bewegung

In der Kita geben Morgenkreise zum Wochenbeginn Auskunft über die Aktivitäten bzw. Passivitäten der Kinder am Wochenende. Die Inhalte sind fast ausnahmslos repetitiv. Fernsehsendungen etc. stehen im Zentrum, zu ergänzen sind hin und wieder McDonald's-Aufenthalte. Ganz allgemein lässt sich feststellen: **Viele Kinder bewegen sich heute zu wenig.** Man könnte ja vorschnell schlussfolgern, weniger Bewegung führe auch zu weniger Unfällen. Aber diese Rechnung geht nicht auf, ganz im Gegenteil. Es verhält sich so ähnlich wie mit dem Elefanten im Porzellanladen: Diese Kinder sind tendenziell grobmotorisch und ungeschickt. Ein Mangel an Bewegung führt zu **unsicheren Bewegungsabläufen** und dazu, dass die Kinder nicht wissen, was sie sich körperlich zutrauen können und was nicht. Es kommt vermehrt zu **Unfällen.** Der altbekannte Spruch „Ein gesunder Geist wohnt in einem gesunden Körper" kommt nicht von ungefähr. Um die geistige Leistungsfähigkeit voll auszuschöpfen, müssen unterschiedliche Bewegungserfahrungen gesammelt werden können. Indem das Kind zunehmend **Erfolgserlebnisse** verzeichnet, wachsen auch sein **Selbstwertgefühl und Selbstbewusstsein.** Bewegung ist somit von außerordentlicher Bedeutung für die gesamte Persönlichkeit. Besonders in der Gemeinschaft haben die Kinder große Lust, sich zu bewegen. So ist der Kindergarten genau der richtige Ort, um zusammen herumzutoben und damit Unfällen letztendlich sogar vorzubeugen. Wenn die Kinder Bewegung und Sport von Anfang an als einen festen Bestandteil ihres Lebens erfahren, sind sie für sie auch im späteren Leben nicht mehr wegdenkbar. Damit sinkt auch das Risiko **Zivilisationskrankheiten** zu erleiden immens.

TIPP

Kleine Bewegungsideen für zwischendurch finden Sie in:

- *Bläsius, Jutta:* **101 Bewegungsspiele für zwischendurch und überall.** Verlag an der Ruhr, Mülheim an der Ruhr 2011.
- *Lindner, Heidi (Hg.):* **Hier bewegt sich was. Es geht rund in der Villa Kunterbunt.** Eltern-Kind- und Kinderturnen in Kindergarten, Schule und Verein. Meyer & Meyer Sport, 2001.
- *Wilmes-Mielenhausen, Brigitte:* **Das Krippenkinder Spielebuch.** Bedürfnisorientierte Angebote, umfassende Materialempfehlungen und viele Ideen für die pädagogische Praxis zur Beschäftigung mit den Kleinsten. Ökotopia, Münster 2011.

Bewegungs- und Sinneserlebnisse für Waldausflüge, die zum Teil auch auf den Kindergarten übertragen werden können, sind zusammengestellt bei:

- *Brändlein, Katharina; Grafenberger, Ulrike:* **Naturwerkstatt Wald.** Spielen, entdecken und experimentieren rund ums Jahr. AT Verlag, Aarau und München 2010.

Ein schöner Einfall ist z.B. der „Barfußgang". Alle Kinder laufen gleich einer Raupe mit nackten Füßen im Polonaisestil, wobei möglichst verschiedene Untergründe überquert werden.

Bewegungsparcours

Den Kindern bereitet es größtes Vergnügen, ihr **Gleichgewicht** und ihre **Geschicklichkeit** beim Balancieren zu erproben. Das muss nicht in schwindelerregenden Höhen passieren. Die Kleinen können mit Kreide auf den Boden gemalte Linien Schritt für Schritt ablaufen. Für die Größeren bietet es sich an, **Parcours** in der Turnhalle bzw. im Sportraum aufzubauen, die gut mit Matten als Fallschutz abgesichert werden. Bspw. kann eine umgedrehte Bank über einen Kasten oder eine kleine Bank gelegt werden, so dass eine Wippe entsteht, über die balanciert werden kann. Auch im Herabspringen aus verschiedenen Höhen können die Kinder Erfahrungen sammeln. Gelernt wird: Von den großen Kästen springen wir auf dicke, weiche Matten, von kleineren auf dünne Matten und von niedrigen Bänken können wir direkt auf den Boden hüpfen. Dabei gilt es zu bedenken, dass die Parcours nicht mit mehr Matten gesichert werden sollten als notwendig. Die Kinder könnten verleitet werden, sich bei der Parcoursbewältigung nicht umsichtig und bewusst zu verhalten, da sie sich zu sehr in der Gewissheit wiegen, dass ja alles doppelt und dreifach abgesichert ist. Weniger ist in diesem Fall wie so oft mehr.

Auch **Slalomparcours** fördern Bewegung und stellen eine spannende Herausforderung dar.

GUT ZU WISSEN

Die Unfallkasse hat hinsichtlich der Absicherung des Bodens eindeutige Fallhöhen definiert:

- *Bis zu 60 cm bedarf es keiner Absicherung des Bodens mit Matten.*
- *Von 60 cm bis 150 cm muss der Boden mit einfachen Turnmatten abgedeckt sein.*
- *Ab 150 cm müssen besonders stoßdämpfende dicke Matten gewählt werden.*

TIPP

Folgende Titel sind für Bewegungsparcours im Kindergarten zu empfehlen:

- *Bosch, Myriam:* **Von der Dschungel-Expedition bis zur Abenteuerreise ins Riesenland: 20 fantasievolle Bewegungslandschaften für 3- bis 7-Jährige.** Verlag an der Ruhr, Mülheim an der Ruhr 2011.
  Der Autorin gelingt es, mit verschiedenen Rahmenthemen wie „Auf der Pferderennbahn" oder „Allerlei Fahrzeuge" beide Geschlechter gleichermaßen anzusprechen. Förderschwerpunkte sind nach eigenen Angaben u. a. Koordination, Geschicklichkeit, Balance, Körpergefühl, Raumwahrnehmung und Bewegungsfreude. Das Buch eignet sich auch für Erzieherinnen, die sich neu an das Projekt heranwagen, da die Parcours und deren Aufbau mit Bildern eindrücklich illustriert sind.
- *Dörr, Cristina; Kübler, Claudia; Pfeiffer, Claudia:* **Kinder erleben Bewegung – Parcoursgestaltung mit Phantasie.** Kartensammlung mit Aufbauanleitungen für den Kindersport in Schulen, Vereinen und Kindergärten. Europa-Lehrmittel, Haan-Gruiten 2010.
  Die Karten sind je nach Altersstufe mit verschiedenen Farben unterlegt. Besonders interessant sind die Karten für die Krabbel-Babbel-Kinder (0 Monate bis 3 Jahre) und die Mini-Kinder (3 bis 6 Jahre). Besonders für die Kleinsten wird auf die didaktische Wichtigkeit hingewiesen, dass die Kinder die Parcours nutzen dürfen, wie sie es möchten und nicht dazu angetrieben werden sollen, sich so mit ihnen zu beschäftigen, wie sie ursprünglich vielleicht gedacht sind.
- *Tietz, Katja (Red.):* **Hier bewegt sich was. Lauf-Memory. Kletter-Quips & Co.** Eltern-Kind- und Kinderturnen im Kindergarten, Schule und Verein. Meyer & Meyer-Verlag, Aachen 2010. Der Band ist auf die Altersklasse der 3- bis 6-Jährigen abgestimmt.

Kleine „Gefahren-Projekte"

Um den Kindern den **Reiz vieler gefährlicher Versuchungen** so weit wie möglich zu nehmen, ist es geschickt, sie unter Aufsicht **kalkulierbare Gefahren** erleben zu lassen, anstatt alles zu verbieten und die Verlockung noch zu steigern.

Wasser

Gerade Wasser und Feuer sind brenzlige Themen, die die Kinder bannen. Da man sich täglich an der frischen Luft bewegen sollte und auch bei Wind und Wetter nach draußen gehen kann, bietet es sich an, die Kinder ausgiebig in **Pfützen** spielen zu lassen. Auch ein **Planschbecken** kann von Frühjahr bis Herbst mit Wasser gefüllt werden – zum Planschen, Matschen, Kneippen usw. Allerdings gilt penibel dafür Sorge zu tragen, dass das Becken stets neu gefüllt, beaufsichtigt und nach dem Spiel umgehend geleert wird. Keine Ausnahmen bestätigen hier die Regel.

Die Kinder sollten die Gelegenheit bekommen, in Pfützen zu spielen.

Feuer

In den Genuss von Feuer kommen die Kinder am besten an **Festen,** bei denen sie unter Aufsicht der Eltern sind (Erntedankfest, Laternenumzug oder Mittsommernacht sind hervorragende Anlässe), da so viele feurige Temperamente, wie sie die Kinder nun einmal haben, von den Erzieherinnen allein möglicherweise nicht sicher genug beaufsichtigt werden können. Kinder lieben es, das Feuer zu beobachten, ihm zuzuhören und den rauchigen Geruch wahrzunehmen. Sie können es auch ohne damit verbundene Aktivitäten mit allen Sinnen genießen. Ein kleines Abenteuer erleben die Kinder, wenn sie gemeinsam mit ihren Erzieherinnen und / oder Eltern im Feuer Stockbrot backen und Lagerfeuerlieder singen.

Es ist durchaus sinnvoll, mit den großen Kindergartenkindern zu üben, wie man mit einem Streichholz sicher eine Kerze anzündet. So wird dem kindlichen Drang nach dem „Spiel mit dem Feuer" in einem sicheren Rahmen Rechnung getragen.

Die Kinder sollten mit offenem Feuer nie unbeaufsichtigt sein.

GUT ZU WISSEN

In vielen Kindergärten ist offenes Feuer inzwischen verboten. Es dürfen ausschließlich Lichterketten oder elektrische Teelichter verwendet werden. So sehr ich viele besorgte Eltern verstehen kann, das Verbot widerspricht der hier vorgestellten pädagogischen Herangehensweise. Wichtig ist, dass mit offenem Feuer hundertprozentig verantwortungsbewusst umgegangen wird. Das bedeutet:

- *Kerzen brennen nicht kontinuierlich. Sie werden zu zeitlich begrenzten, besonderen Anlässen angezündet, wie bspw. bei einem Geburtstagsfrühstück. Die Kerzen werden gemeinsam angezündet und wieder gelöscht.*
- *Die Kinder sind mit offenem Feuer niemals unbeaufsichtigt. Auch nicht für kurze Zeiträume, während denen die Erzieherin vielleicht schnell wickelt oder aus anderen Gründen den Raum verlässt.*
- *Kerzen stehen auf einer feuerfesten Unterlage. Ein klassischer Adventskranz fällt damit für die Kita aus. Möglich wären vier dicke, niedrige Kerzen auf einem Edelstahltablett, das mit Sand oder Wasser gefüllt ist.*
- *Über oder neben den Kerzen hängt, steht und liegt keine Dekoration.*
- *Während die Kerzen brennen, wird nicht gelüftet. Ein Luftstoß könnte Bastelutensilien aus den Regalen in die Flamme wehen oder dafür sorgen, dass Funken sprühen.*
- *Da einige Bastelmaterialien besonders leicht entzündlich sind, wird nicht gebastelt, solange eine Kerze brennt.*
- *Es wird trotz aller Vorsicht etwas zum Löschen bereitgestellt (ein Wassereimer, Feuerlöscher).*
- *Öl- oder Petroleumkerzen finden in der Kita keine Verwendung.*
- *Achten Sie darauf, dass die Kleidung und die Haare der Kinder kein Feuer fangen können.*
- *Deponieren Sie Streichhölzer oder Feuerzeuge niemals in Reichweite der Kinder.*

Die Kinder führen sich gegenseitig mit verbundenen Augen.

Nervenkitzel

Kinder lieben den Nervenkitzel. Diesen können sie im Spiel erfahren, ohne dabei große Risiken eingehen zu müssen. Die Größeren können sich z. B. mit **verbundenen Augen** führen lassen und dabei kleine Hindernisse überwinden. Mulmige Gefühle kommen auf, wenn sie auf diese Weise vorsichtig zwei, drei Stufen erklimmen oder sich auf die Schaukel setzen und vorsichtig angeschubst werden. Wichtig ist, dass solche Übungen einen nicht zu kurzen Zeitrahmen einnehmen, da sich der „Blinde" erst auf die Situation einstellen muss. Kleinere Kinder können ohne Augenbinde rückwärts laufen und dabei ebenfalls von einem Kind geführt werden. Beide Übungen stärken auch das Vertrauen ineinander und den Zusammenhalt.

Haben Kindergärten **Feuerleitern** (selbstverständlich keine Sprossenleitern, sondern in Form von Wendeltreppen oder dergleichen), muss für den Notfall das Hoch- und Runtersteigen ohnehin exerziert werden. Diese Übung kostet höchste Konzentration und fordert größte Disziplin. Sie ist daher auch nur von den Größeren zu bewältigen. Die Kleinen finden ihre Räume daher am besten im Untergeschoss.

Werkzeug

Die Kinder wollen die Welt erkunden mit allem, was dazugehört. Gerade **Werkzeuge** faszinieren sie. Sie sind aber häufig, je nach Art, für Kinder nicht geeignet, da die Gefahr, sich schwer zu verletzen, sehr hoch ist. Um auch diesem Verlangen eine gewisse Befriedigung zu verschaffen, ist es förderlich, gemeinsam mit kleinen Kindergruppen zu werkeln und zu basteln. Es gibt durchaus einige Werkzeuge, mit denen man die Gefahren relativ klein hält (Gummihämmerchen, verschiedene Holzfeilen, Holzschraubenzieher usw.). Gebastelt werden können bspw. Vogeltränken (für daheim oder zum Verschenken) aus Baumstammabschnitten. Mit Meißel und weichem Gummihammer werden Kuhlen für das Wasser ausgehobelt.

Dauerprojekt: Ent-Spannung

Ist der Durst nach dem „Spiel mit dem Feuer" nach den einzelnen Übungen vorübergehend erst einmal gestillt, liegen die Nerven der kleinen Abenteurer dann doch ein wenig blank, was ja nicht zuletzt Sinn des Ganzen ist. Auf Anspannung muss im Sinne einer erfolgreichen Rhythmisierung Entspannung folgen. Wählen Sie bspw. das Lied „Hokus Pokus Fidibus" von Fredrik Vahle. Immer zwei Kinder finden sich zusammen, der Zauberer und die Zauberin. Letztere führt beim Zauberer die Hexereien und Anwendungen durch, die im Lied genannt werden: Hände auf den Kopf legen, Rücken ausstreichen usw. Dann wird abgewechselt. Auch Fantasiereisen kommen bei den Kindern gut an und lassen die kleinen Indiana Jones' und Pippi Langstrümpfe relaxen.

TIPP

Doris Stöhr-Mäschl hat ein Buch für 5- bis 12-Jährige geschrieben, das zahlreiche **Entspannungsideen** aufführt, die auch für die Kleineren herunter gebrochen werden können: *Stöhr-Mäschl, Doris:* **Ruhe tut gut. Fantasiereisen, Bewegungs- und Entspannungsübungen für Kinder.** Verlag an der Ruhr, Mülheim an der Ruhr 2008.

Goldgräber-Projekt

Für den Sandkasten gibt es unendlich viele Argumente. Er schafft keinen Erwartungsdruck, da unzählige unbestimmte Produkte kreiert werden können. Die Beschäftigung mit Sand ist beruhigend und angenehm. Schon die Kleinsten genießen das Spielen hier mit allen Sinnen.

Bilden Sie die größeren Kinder zu kleinen Goldgräbern aus, die in regelmäßigen Abständen den Sandkasten säubern, indem sie mit großen **Sieben** alles aussortieren, was kein Sand ist. Ihre Schätze können sie danach auf Ausstellungstischen präsentieren. Stolz zeigen sie, wovor sie die Jüngeren beschützt haben. Bevor die Kinder an die Arbeit gehen, können die Erwachsenen den Kindern hin und wieder auch kleine Überraschungen vergraben, z. B. kleine Gummibärentütchen, die zunächst gesammelt und nach vollbrachter Arbeit unter allen Goldgräbern aufgeteilt werden. Selbstredend müssen diese Überraschungen eine gewisse Größe aufweisen (z. B. neue Sandkastenförmchen), damit nicht letztendlich sie es sind, von denen eine Gefahr ausgeht (bitte keine Murmeln auswählen). Es empfiehlt sich, sie eingangs zu zählen.

Aus hygienischen Gründen versteht es sich von selbst, dass der **Sand regelmäßig ausgetauscht** wird. Katzen und andere Tiere nutzen Sandkästen gern als Toilette, so dass Wurmeier und andere Krankheitserreger (z. B. Toxoplasmose) in den Sand gelangen. Erlaubt die Größe des Sandkastens eine Abdeckung, so ist diese durchaus sinnvoll.

Kurz + knapp

- ***Unfälle*** *kommen bei Kleinkindern aufgrund ihrer körperlichen, motorischen und psychischen Entwicklung häufig vor.*
- *Um die Kinder vor Unfällen in der Kita zu beschützen, muss im Innen- und Außenbereich eine sichere Umgebung geschaffen werden. Es müssen* ***Sicherheitsvorkehrungen*** *getroffen werden, die auf das Alter der Kinder abgestimmt sind.*
- *Daneben sollte auf eine* ***Sicherheitserziehung*** *im Kindergarten von Anfang an Wert gelegt werden. Dabei liegt ein Schwerpunkt in der Bewegung und der Auseinandersetzung mit moderaten Gefahren selbst.*
- *Es wird eine* ***Balance zwischen An- und Entspannung*** *angestrebt.*
- *Die Wahl einer* ***Sicherheitsbeauftragten*** *in der Kita ist obligatorisch. Wenn sich niemand für die Unfallprophylaxe zuständig fühlt, wird oft erst etwas für die Sicherheit getan, wenn sich bereits ein Unfall ereignet hat.*
- *Die* ***Außenspielplätze*** *motivieren die Kinder, sich körperlich zu betätigen und stellen sie vor Herausforderungen, sind aber mit Bedacht gewählt und bergen kein unverantwortliches Risiko.*
- *Gemeinsam mit den Kindern werden* ***klare Spielplatz-Regeln*** *erarbeitet.*

5 Garten und Außenbereich

Ein Außenbereich ist in jedem Kindergarten unabdingbar – auch wenn sich darüber philosophieren lässt, ob dieser im Sinne einer Waldpädagogik als unstrukturierte Umgebung gehalten, im Stile eines Abenteuerspielplatzes gestaltet oder eben tatsächlich als Garten angelegt sein sollte.

Der **Bewegung an frischer Luft** kommt nicht nur deshalb eine so hohe Bedeutung zu, weil sich die Chance deutlich erhöht, dass die Kinder abends glücklich und zufrieden ins Bett fallen und dort möglichst bis zum nächsten Morgen verweilen, sondern insbesondere, weil Gelenkschäden, Herz-Kreislauf-Erkrankungen und Depressionen vorgebeugt wird, Infekte und Allergien deutlich vermindert werden können.

Giftige Pflanzen im Kindergarten

In einem Kindergarten ist von den Erwachsenen genaues **botanisches Fachwissen** gefragt, da Kinder vor giftigen Gewächsen geschützt werden müssen. Sie bewahren ja auch nicht Arsen im Kühlschrank, Nagellackentferner im Kinderschminktäschchen oder Putzmittel im Spieleschrank auf. Das harmlos anmutende Grün steht genannten Präparaten in Sachen **Giftigkeit** häufig in nichts nach.

Und so geht eine große **Gefahr** im Kindergarten vielerorts tatsächlich von der **Begrünung** aus. Selten wird wirklich umsichtig gepflanzt. Selbstredend ist die **erzieherische Aufklärung** ein wichtiger Schritt in Richtung Sicherheit. Natürlich kann man Kindern erklären, dass man sich nicht jede Bohne in den Mund stecken darf, roh noch nicht einmal die klassische grüne, und auch nicht jede Pflanze berührt werden kann, sobald sie keine meterlangen Dornen aufweist. Aber das Gros der Kindergärten öffnet sich heute wie gesagt für Kinder ab anderthalb oder zwei Jahren oder beherbergt sogar eine Krippengruppe für noch jüngere Kinder. Mindestens bis zu einem Alter von drei Jahren ist eine Auseinandersetzung mit diesem Thema zwar möglich und wichtig, aber nicht sicher. Vorsicht! Kinder wollen alles erforschen. Die Feinmotorik der Hände ist noch nicht ausgereift, so dass sich so manche Stoffbeschaffenheit mit der Zunge deutlich besser begreifen lässt. Nur kann das fatale Folgen haben. Außerdem suchen Kinder zum Teil ganz gezielt nach Früchten und Samen in ihrer Umgebung, weil sie mit ihnen spielen wollen. Eimer fungieren als Töpfe, in denen sie als Mahlzeiten zubereitet werden. Die Verlockung, einmal zu probieren, ist groß. Und sogar die größeren Kinder, die über die Giftigkeit der Pflanzen aufgeklärt sind, schrecken manchmal vor Mutproben nicht zurück, bei denen etwas Giftiges gegessen werden soll. Überhaupt ist das Verbotene nun mal leider ganz unabhängig vom Alter besonders reizvoll. **Im Kindergarten haben giftige Pflanzen demzufolge nichts verloren!** Die giftige Eibe liefert genug Holz für das nächste Osterfeuer und Tulpen haben Platz an den Fensterscheiben – aber bitte aus Pappe.

Mithilfe eines Naturbuches können Sie die **Vegetation des Außenbereiches identifizieren** und **gegebenenfalls beseitigen** oder austauschen. Nicht zuletzt sollte Unkraut, so spießig es auch klingen mag, regelmäßig entfernt werden. Denn viele dieser wildwachsenden Pflanzen sind giftig, so bspw. die auf fast jeder unvertikutierten Wiese zu findende Butterblume. Nichts ist hier in Butter, denn der Verzehr kann verhängnisvolle Auswirkungen haben.

GUT ZU WISSEN

- *Die Kinder müssen die Regel verinnerlichen, dass Obst wie bspw. Erdbeeren und selbst Kräuter aus Hochbeeten niemals verkostet werden dürfen, bevor sie nicht gewaschen sind. Es besteht die Gefahr einer* ***Fuchsbandwurminfektion,*** *die zu einer lebensgefährlichen Erkrankung führen kann. Die Füchse haben sich längst auch die Städte als Lebensraum erschlossen, springen mühelos über Zäune und scheiden über den Kot Fuchsbandwurmeier aus, mit denen die Ernte kontaminiert werden kann.*
- *Daneben ist zu beachten, dass Kinder während der Gartenarbeit und des Kontakts mit Erde möglichst* ***Gartenhandschuhe*** *tragen sollten. In jedem Fall müssen die Hände nach getaner Gartenarbeit gründlich gewaschen werden. Während der Arbeit im Garten darf nicht gegessen werden.*

Nun gibt es einige Kindergärten, in denen ausschließlich **Nutzpflanzen** angepflanzt werden. Kräuter, Obststräucher und Gemüsebeete geben ein scheinbar unbedenkliches Bild ab, bei dem einem schnell das Wasser im Mund zusammen läuft. Das Verkosten ist geradezu Programm. Doch Vorsicht! So gern die gekochte Kartoffel auf dem Teller gesehen ist, die Kartoffelpflanze ist äußerst giftig. Ebenso sind Tomaten, solange sie noch nicht reif sind und eine grüne Farbe aufweisen, dermaßen giftig, dass der Verzehr sogar zum Tod führen kann. In beiden Pflanzen ist das Glykoalkaloid Solanin enthalten, das die Pflanzen auf natürliche Weise vor Schädlingen schützt, da es seine Wirkung bereits in geringen Dosen zeigt. Wird sich für diese Art von Bepflanzung entschieden, bedeutet das also nicht, dass darauf verzichtet werden kann, sich über die ausgewählten Pflanzen zu informieren.

Nicht unberechtigt ist der Einwand, dass es für die Unter-Dreijährigen in einem **Obst- oder Gemüsegarten** leicht zu Verwirrungen kommen kann: Die roten kleinen Johannisbeeren darf man essen, die roten kleinen Beeren vieler anderer Pflanzen jedoch nicht. So sprechen sich manche Eltern deutlich dagegen aus, überhaupt Obst anzupflanzen. Verwechselungen haben selbst Erwachsene in den Tod geführt, die bei der Bärlauchernte unglücklicherweise einige Maiglöckchenblätter erwischt hatten. Solange alle giftigen Pflanzen jedoch entfernt sind, ist diese Methode durchaus vertretbar. Es ist an der Eltern- und Erzieherschaft, sich darüber abzustimmen.

Um das Vorhaben „Sicherer Kindergarten" realisierbar und überschaubar zu halten, empfiehlt es sich, **sich auf einige wenige Pflanzenarten zu beschränken.** Ein ganzes Feld an Lavendel ist wunderschön, duftet, vertreibt Ungeziefer, ist winterhart und somit vergleichsweise kostengünstig.

Expressionistisch anmutende Blumenfelder können wir getrost den Botanischen Gärten überlassen.

Die Kinder entfernen die giftigen Efeuranken.

Garten-Projekte

Bei den Gartenprojekten steht das Ziel eines sicheren Gartens ohne Giftpflanzen im Vordergrund. Dass die Kinder dabei naturwissenschaftliches Fachwissen erwerben, sich an der frischen Luft bewegen und eine Menge Freude erleben, sind äußerst begrüßenswerte Nebeneffekte.

Großprojekt „Jäten und Pflanzen"

Nach eingehender **Bestimmung des Pflanzenbestandes** durch einen ernannten erwachsenen Experten oder eine Expertengruppe sollten unliebsame giftige Pflanzen nun samt Wurzeln ausgerissen werden. Aufgeklärt und unter der Aufsicht von Erwachsenen können hier die älteren Kindergartenkinder selbst als **Pflanzenpolizei** unterstützend tätig werden und mit Handschuhen ausgestattet den Garten entrümpeln. Sehr giftige Pflanzen können im Vorfeld bereits von den Erwachsenen entfernt werden. Auch solche, die Kontaktreaktionen und -allergien hervorrufen können, sollten die kleinen Naturdetektive nicht selbst pflücken.

Haben sich die Erwachsenen im Vorfeld sachkundig gemacht, ist es ratsam, die Situation für **forschend-entdeckendes Lernen** zu nutzen. Es wäre schade, den Kindern die Giftpflanzen gleich einem Lehrgang einfach nur zu zeigen. Viel spannender ist es, sie diese selbst aufspüren zu lassen. Aufgrund des Alters sind die Kinder jedoch auch mit Pflanzenbestimmungsbüchern für Kinder überfordert, da sie deutlich zu umfangreich und unübersichtlich für sie sind. Die Projektleiter können aber die passenden Bilder aus diesen herauskopieren, vergrößern und ggf. laminieren. Mithilfe dieser Pflanzenkarteikarten können die Kinder die Giftpflanzen dann selbst ausfindig machen. Die Pflanzen in der folgenden Übersicht müssen unbedingt entsorgt werden.

Weg damit!

Die Schneewittchenäpfel 🍎 zeigen den Grad der Giftigkeit an:
sehr stark giftig 🍎🍎🍎 (gefettet: extrem giftig); stark giftig 🍎🍎; giftig 🍎

Anemone	🍎
Arnika	🍎🍎🍎
Aronstab	🍎🍎
Bambus	🍎🍎🍎
Berberitze	🍎
Besenginster	🍎
Bilsenkraut	🍎🍎🍎
Blauer Eisenhut	🍎🍎🍎
Blauregen	🍎🍎
Brechnussbaum	🍎🍎🍎
Buchs	🍎
Christrose	🍎🍎
Duft-Wicke	🍎
Echtes Johanniskraut	🍎🍎
Efeu	🍎🍎
Eibe	🍎🍎🍎
Engelstrompete	🍎🍎🍎
Essigbaum	🍎
Falscher Jasmin	🍎🍎🍎
Färberginster	🍎🍎🍎
Flachs	🍎🍎🍎
Forsythie	🍎
Gartenbohne	🍎🍎🍎
Gewöhnliche Spitzklette	🍎🍎🍎
Gift-Lattich	🍎🍎🍎
Goldregen	🍎🍎🍎
Gottesgnadenkraut	🍎🍎🍎
Große Brennnessel	🍎
Grüner Nieswurz	🍎🍎🍎
Hahnenfuß	🍎🍎🍎
Hanf	🍎🍎
Heckenkirsche	🍎
Herbstzeitlose	🍎🍎🍎
Hoher Rittersporn	🍎🍎🍎
Hyazinthe	🍎
Kaiserkrone	🍎🍎
Kartoffel	🍎🍎
Kermesbeere	🍎🍎
Kirschlorbeer	🍎🍎🍎
Kornrade	🍎🍎🍎
Küchenschelle	🍎🍎🍎
Lampionpflanze	🍎
Lebensbaum (Thuja)	🍎🍎
Liguster	🍎
Lorbeer-Kirsche	🍎🍎
Lupine	🍎🍎
Maiglöckchen	🍎🍎
Meerrettich	🍎🍎🍎
Mistel	🍎
Nachtschatten	🍎🍎
Ochsenzunge	🍎🍎
Oleander	🍎🍎
Osterglocke (Narzissen)	🍎
Paprika	🍎
Petersilie	🍎
Pfaffenhütchen	🍎🍎🍎
Rhabarber	🍎🍎
Rhododendron	🍎
Riesenbärenklau	🍎🍎
Rosskastanie	🍎🍎🍎
Roter Fingerhut	🍎🍎🍎
Roter Hartriegel	🍎
Sadebaum	🍎🍎
Scheinakazie	🍎🍎

Schneeball	🍎
Schneebeere	🍎
Schneeglöckchen	🍎
Seidelbast	🍎🍎🍎
Stechapfel	🍎🍎🍎
Stechpalme (Ilex)	🍎🍎
Tabak	🍎🍎🍎
Tollkirsche	🍎🍎🍎
Tulpe	🍎
Wacholder	🍎
Wandelröschen	🍎🍎
Weinrebe	🍎🍎
Wermut	🍎🍎🍎
Wolfsmilch	🍎🍎
Wunderbaum	🍎🍎🍎
Zaunrübe	🍎🍎🍎
Zwergmispel (Cotoneaster-Arten)	🍎

Im Zweifelsfall gilt immer: weg damit!

Her damit!

- Basilikum
- Cosmea
- Dahlie
- Gänseblümchen
- Erdbeere
- Hagebutte (Hundsrose)
- Hibiskus
- Kamille
- Kapuzinerkresse
- Kornblume
- Lavendel
- Löwenzahn
- Malve
- Melisse
- Minze
- Rapunzel-Glockenblume
- Ringelblume
- Salbei
- Sanddorn
- Schlehe
- Sonnenblumen
- Spitzwegerich
- Stiefmütterchen
- Storchenschnabel
- Thymian
- Usambaraveilchen
- Vergissmeinnicht
- Zucchini

Die Kinder setzen Ringelblumen- und Stockrosen-Samen und versorgen ihre Obstbäume mit Wasser.

Darüber hinaus sollte selbstredend auf **Gewächse mit Dornen und Stacheln** verzichtet werden.

Denken Sie neben der Beseitigung der Giftpflanzen auch an die **Pilze,** die im Spätsommer und Herbst besonders häufig an schattigen Standorten (unter Bäumen) wachsen. Sollten Sie **Giftpilze** entdecken, alarmieren Sie die Feuerwehr. Der Garten muss in diesem Fall gerodet werden, da die Pilze ansonsten immer wieder aus dem Boden sprießen.

Wie gesagt, im Kindergartenalter müssen die **Erwachsenen die Medien aufbereiten,** etwa indem sie die Inhalte reduzieren (Situationsbezug) und passend darbieten. Aus den kopierten Pflanzenfotos der Giftpflanzen können die Erwachsenen für die Freiarbeit bzw. das Freispiel auch **Memos** herstellen, indem sie dupliziert, auf roten Karton geklebt und anschließend laminiert werden. Dasselbe kann mit den ungiftigen Pflanzen geschehen, nur dass dann ein grüner Karton gewählt wird. Spielerisch prägen sich die Kinder bereits im jungen Alter zahlreiche giftige und ungiftige Pflanzen ein.

Haben die Naturdetektive ihr Werk vollbracht und alles Giftige entfernt, dürfen die ernannten **Gartendesigner** mit Neupflanzungen beginnen. Dabei kann in Abhängigkeit von der zur Verfügung stehenden Fläche jede Gruppe (oder sogar jedes Kind) ihr eigenes Stück Erde bekommen, für das sie dann verantwortlich ist und über das sie frei verfügen darf. Andernfalls wird der Garten ein Gemeinschaftsprojekt. Die bepflanzten Stellen werden oft zu persönlichen Orten für die Kinder, an denen sie sich besonders wohlfühlen. Besonders kostengünstig ist es, wenn Samen gesetzt werden. Zudem ist es für die Kinder ein tolles Erlebnis zu beobachten, wie ihre Pflanzen wachsen und gedeihen. **Pflanzenpfleger** können sich regelmäßig um das Grünzeug kümmern: Unkraut jäten, mit natürlichen Mitteln düngen und gießen bereiten den Kindern große Freude. Die Arbeit im Garten lässt sich mit allen Sinnen genießen. Die kleinen Gärtner lernen die Natur als etwas Positives kennen und schätzen. Der Grundstein für einen verantwortungsvollen Umgang mit der Umwelt wird gelegt. Auch erwerben sie bereits naturwissenschaftliches Wissen, das in einen Zusammenhang einbettet ist und ihre eigene Lebenswelt betrifft.

TIPP

Zur Bestimmung der Pflanzen eignen sich für die **Erwachsenen** folgende Bücher:

- *Wink, Michael; von Wyk, Ben-Erik; Wink, Coralie:* **Handbuch der giftigen und psychoaktiven Pflanzen.** Wissenschaftliche Verlagsgesellschaft, Stuttgart 2008.

  Die Pflanzen sind fotografisch abgebildet. Vergiftungserscheinungen werden genau beschrieben, so dass auch eruiert werden kann, welche Pflanzen nicht berührt werden dürfen. Ferner sind Erste-Hilfe-Maßnahmen für jede Pflanze ausgewiesen

- *Kremer, Bruno:* **Essbare und giftige Wildpflanzen.** Über 200 Kräuter, Beeren und Nüsse. Ulmer, Stuttgart 2010.

  Die abfotografierten Beeren, Früchte, Nüsse und Wildkräuter sind nach Farben sortiert. Toxizitäten werden sehr differenziert nach ungenießbar, giftverdächtig, schwach giftig und giftig ausgewiesen.

- *Boomgarden, Heike:* **Giftpflanzen in Haus und Garten.** Kosmos Verlag, Stuttgart 2010.

  Als sehr hilfreich erweist sich hier, dass für jede Giftpflanze eine ungiftige Alternative empfohlen wird.

Für **Kinder** sind folgende Bücher attraktiv, da sie sehr anschaulich und übersichtlich gehalten sind.

- **Der große Naturführer für Kinder.** 120 Tiere und Pflanzen unserer Heimat erkennen und bestimmen. Schwager & Steinlein, Köln 2007.

  Der Pflanzenpart ist jedoch vergleichsweise klein.

- *Powell, Malcolm:* **Ants kleines Blumenbuch.** Das kinderleichte Bestimmungsbuch für Blumen, Gräser, Kräuter. Verlag an der Ruhr, Mülheim 2008.

  Das Büchlein ist sehr gut strukturiert. Es wird nach Blütenfarben sortiert. Schwarze und graue Totenköpfe zeigen leichte und starke Toxizitäten an.

- *Sahn, Anita van; Haag, Holger; Stichmann-Marny, Ursula:* **Mein erster Tier- und Pflanzenführer.** Kosmos, Stuttgart 2011.

  Zur Bestimmung etwas unübersichtlich, sortiert nach Stadt und Dorf, Wiese und Feld, Wald, Gewässer, Strand und Meer.

- *Stichmann-Marny, Ursula:* **Mein erstes Was blüht denn da?** Unsere 50 wichtigsten Blumen kennen lernen. Kosmos, Stuttgart 2005.

  Übersichtlich nach Blütenfarben sortiert, Giftigkeit nur bei sehr stark giftigen Pflanzen mit Totenkopf angegeben, z. T. finden sich zusätzliche Hinweise „Finger weg!".

- *Voake, Charlotte:* **Veilchen, Mohn und Gänseblümchen.** Pflanzen bestimmen mit Kindern. Gerstenberg Verlag, Hildesheim 2011.

  Sehr schöne detailgenaue Zeichnungen, eignet sich ausschließlich zur Bestimmung, da keine Aussagen über Giftigkeit getroffen werden.

Selbstgemachte Pflanzen-Büchlein

Besonders stolz sind die Kinder, wenn sie den **Wachstumsprozess ihrer Pflanzen beobachten und dokumentieren.** In regelmäßigen Abständen können sie im Frühjahr und Sommer malen, wie sich ihr Beet oder eine ausgewählte Pflanze entwickelt. Kommt der Herbst, zeigt sich dann bald ein ganz anderes Bild der Gewächse, das ebenfalls festgehalten werden kann. Auch ob und was im Winter noch zu sehen ist, ist durchaus interessant und bedarf der Dokumentation. Bei winterharten Pflanzen ist die „Auferstehung" im Frühling ein großes Erlebnis. Aus den einzelnen mit Datum versehenen Werken kann ein kleines **Pflanzenbuch** gebunden werden. In diesem Kontext werden auch Themen wie die Jahreszeiten zum Gegenstand. Und schon die Kleinsten haben an diesem ganzheitlichen Projekt ihre Freude. Es besteht selbstverständlich kein Anspruch auf Perfektion. Bei den Zweijährigen wird vielleicht schon überlegt, welche Farben benötigt werden. Am Anfang sieht man ausschließlich die Erde und wählt also Braun. Dann zeigt sich ein wenig Grün und später kommen schöne bunte Blüten zum Vorschein. Bei den größeren Kindern dürfen die Erzieherinnen die Pflanzen in den kleinen Büchlein mit dem Namen beschriften, so kann auch ein eigenes kleines Bestimmungsbuch entstehen.

TIPP

Frommherz, Andrea; Biedermann, Edith: **Kinderwerkstatt Zauberkräuter.** Mit Kindern die Geheimnisse und Heilkräfte der Pflanzen entdecken, AT Verlag, Aarau 2010

Hier sind Anregungen zu finden, wie aus zuvor angepflanzten Kräutern Kinderparfum, Salben, Tees usw. gemeinsam mit Kindern hergestellt werden können. Die Ideen eignen sich jedoch nur für die älteren Kindergartenkinder. Auch sollten die einzelnen Projekte in Kleingruppen durchgeführt werden.

In einem Pflanzenbüchlein kann die Entwicklung der Pflanzen dokumentiert werden.

Gärtner-Massage für Kinder

Passend zum Projektthema können die Erzieherinnen mit den Kindern nach getaner Arbeit oder auch zwischendurch eine **Gärtner-Massage** durchführen. Immer zwei Kinder finden sich zusammen und die Erzieherin führt die Massage an einer Kollegin oder einem Kind vor. Zuerst wird auf dem Acker (Rücken des Kindes) Unkraut gejätet. Die Kinder zupfen vorsichtig. Dann wird durch Kneten symbolisch gepflügt. Nun wird geharkt. Alle zehn Finger streichen, ohne den Handrücken aufzusetzen, von oben nach unten über den Rücken. Es entstehen Löcher für die Samen, indem mit zwei Fingern mehrmals behutsam auf den Rücken gedrückt wird. Dann kann die Erde glatt gestrichen werden (Kreisbewegungen). Auch das Gießen darf nicht vergessen werden. Mit den Fingern wird hin und her getippt. Am Ende scheint die warme Sonne. Die Kinder streichen den Rücken von oben nach unten aus. Die Gärtner-Massage kann nach Belieben variiert werden. Ältere Kinder denken sich gern auch schon selbst eine Massage aus. Sie werden staunen, was den Kleinen so alles einfällt.

GUT ZU WISSEN

DER EICHENPROZESSIONSSPINNER

Eine Schmetterlingsraupe versetzt uns Deutsche seit einigen Jahren in Angst und Schrecken. Der sich von Eichenlaub ernährende Eichenprozessionsspinner ist mit feinen Brennhaaren ausgestattet, mit denen der Mensch über den Wind in Berührung kommen kann. Auf der Haut oder in den Augen können neben Juckreiz heftige allergische Reaktionen auftreten. Auch grippeähnliche Symptome wie Fieber können durch die Gifthärchen ausgelöst werden. Gelangen sie über die Atmung auf die Schleimhäute, kann es sogar zum allergischen Schock kommen. In vielen Städten rücken Hubschrauber aus, um über Eichenbäumen in Kindergärten Insektenbekämpfungsmittel zu versprühen. Direkt nach der Schädlingsbekämpfung sollte der Garten vorsichtshalber für einige Tage gemieden werden. Da nicht überall Insektizide eingesetzt werden, sollten Eichen ab Mai genauer beäugt werden. Die Nester der Raupen sind zum Teil so groß wie ein Basketball und sehen aus wie ein weißer Schleier. Eine Möglichkeit besteht im Falle eines Verdachtes darin, die Feuerwehr zu rufen, die die Bäume möglicherweise abflämmen kann. Die Grünflächenämter und Verwaltungen der einzelnen Länder und Städte helfen bei der Meldung eines Eichenbefalls weiter. In keinem Fall sollten die Nester im Alleingang beseitigt werden. Die Gefahr, die von dieser „Raupe Nimmersatt“ ausgeht, darf nicht unterschätzt werden.

Draußen essen

Die Frage, ob das Essen im Sommer hin und wieder draußen stattfinden kann, spaltet die Elternschaft in jedem Sommer in zwei Lager. In manchen Sommern ist es wirklich wenig entspannend, außerhalb von geschlossenen Räumen zu tafeln, da sich Armeen von **Wespen** auf alles stürzen, was essbar ist. Wägen Sie gut ab, ob Sie Ihre Aufsichtspflicht erfüllen können oder nicht. In jedem Fall lohnen sich XS-Strohhalme (ohne BPA bitte) in (ungesüßten) Getränken. Nicht zu unterschätzen ist auch die Gefahr eines **Rattenbefalls.** Finden die Tiere immer wieder Krümel und andere Lebensmittelreste auf dem Boden des Kindergartens, so werden sie vor Ort schnell sesshaft. Sie graben sich Tunnel unter Geräteschuppen, Komposthaufen oder Sandkästen und vermehren sich in ihren unterirdischen Gängen im Handumdrehen. Mit natürlichen Mitteln sind sie nicht wirksam zu bekämpfen. Da sie Krankheiten übertragen, ist an eine Koexistenz nicht zu denken. Es kann und darf nur ein Kammerjäger helfen. Zwar werden die Rattenköder in die Höhlen eingebracht oder in Röhren ausgelegt, so dass sie nicht frei zugänglich sind. Die Tiere schleppen das Gift aber auch herum und wenn sie etwas verlieren, liegen hochgiftige Köder im Kindergarten. Sicher ist dann nur noch die Sperrung des Außenbereiches. So entscheiden sich einige Kitas und Schulen schon aus diesem Grunde, draußen keine Lebensmittel zu verzehren.

Kurz + knapp

- *Im Außenbereich müssen die Kinder vor dem Kontakt mit **giftigen Pflanzen** geschützt werden. Nachhaltig möglich ist das nur, wenn Giftpflanzen gar nicht erst angepflanzt und bei Selbstaussaat umgehend gejätet werden.*
- *Es erfolgen Sichtkontrollen des Außengeländes, um sicherzugehen, dass keine **giftigen Pilze** gewachsen sind.*
- *Es findet eine regelmäßige **Schädlingskontrolle** statt (Ratten, Eichenprozessionsspinner).*

6 Schutz gegen Sonne und Hitze

Die Hautkrebsstatistik meldet bedrohliche Entwicklungen. Der falsche bzw. nicht ausreichende Schutz vor der Sonne ist für diese Entwicklung maßgeblich verantwortlich. Dennoch ist die Reaktion der Kindergärten noch nicht überall zufriedenstellend. So ist es von Leitungsebene her in einigen Kitas grundsätzlich verboten, die Kinder einzucremen. Begründung: Man möchte sich dagegen absichern, dass im Falle einer **allergischen Reaktion** eines Kindes auf die gewählte Sonnencreme dem Kindergarten die Schuld dafür zugewiesen wird. Auch haben in manchen Einrichtungen Abstimmungen stattgefunden und die Erzieherinnen haben sich mehrheitlich gegen das Eincremen der Kinder entschieden, da damit ein großer **Aufwand** verbunden ist.
Die Gesundheit der Kinder stellt diese und andere Argumente allerdings klar in den Schatten. Entweder Sie eruieren mithilfe von Fragebogen, welche Sonnencreme alle Kinder einer Gruppe vertragen. So können später auch keine Vorwürfe an Sie herangetragen werden und Ihre Bemühungen sind schriftlich fixiert. Oder aber jedes Kind bringt, mit Namen versehen, die eigene Sonnencreme in die Kita mit. Das Eincremen zählt in jedem Fall zur **Aufsichtspflicht.**

Die einzelnen Regierungen der Länder haben seit Jahren Initiativen und Materialien entwickelt, um die Kinder auch in den Kindergärten vor der Sonne zu schützen. Und darüber hinaus wird von der *European Skin Cancer Foundation* Kindergärten, die sich am Sonnenschutzprogramm beteiligen, eine Auszeichnung verliehen, der **SunPass.** Sie dürfen sich dann als **„Sonnenschutzkindergarten"** bezeichnen. Nähere Informationen finden Sie unter → *http://www.escf-network.eu/de/willkommen/projekte/sunpass.html.*

GUT ZU WISSEN

CHEMISCHE UV-FILTER UND NANOPARTIKEL IN SONNENCREMES

Chemische UV-Filter aus Sonnencremes werden über die Haut oder Lunge vom menschlichen Körper aufgenommen. In den meisten Fällen sind sie hormonell wirksam und können krank machen. Um dieser Gefahr zu entgehen, könnten alternativ mineralische UV-Filter in Naturkosmetik ausgewählt werden. Doch auch hier stehen Inhaltsstoffe in Form von Nanomaterialien in Verdacht, schwerwiegende Krankheiten auslösen zu können. So sollte kontrolliert werden, dass in den Inhaltsstoffen die Kennzeichnung „nano" nicht auftaucht. In jedem Fall ist es ratsam, keine Sonnenschutzmittel als Spray zu kaufen, um die Gefahr des Einatmens zu umgehen.

Sonnen-Projekt

Es empfiehlt sich, dass im Kindergarten ein festes **Sonnenritual** institutionalisiert wird. Die Kinder erfassen dabei, dass **Sonnenschutz unerlässlich und selbstverständlich** ist. Sie lernen, wie man sich vor der Sonne schützen kann.

Selbstredend ist die Sonne nicht nur negativ. Ganz im Gegenteil: Die **Sonne ist lebensnotwendig.** Sie sorgt dafür, dass **Vitamin D** gebildet wird, das für das Knochenwachstum benötigt wird. Das vermitteln Sie den Kindern am besten mit Versuchen, die aufzeigen, wie wichtig und positiv die Sonne ist.

Ein Sonnenprojekt eignet sich ganz besonders für forschend-entdeckendes Lernen. Die einzelnen Ideen müssen auf das jeweilige Alter der Kindergartenkinder heruntergebrochen werden. Alle Versuche sind natürlich mit wenig Aufwand und Utensilien verbunden.

Allgemeines zu den Versuchen

Zu Beginn werden der **Versuch vorgestellt** und den Kindern die **Materialien** gezeigt **(1)**. Es werden vonseiten der Kinder erste **Vermutungen** über den Ausgang der Versuche angestellt **(2)**, bevor es zur eigentlichen **Versuchsdurchführung (3)** kommt. Die Kinder **äußern** sich zu ihren **Beobachtungen (4)**. **Aufgeräumt** wird gemeinsam **(5)**. Versuche werden generell **dokumentiert (6)**, jedenfalls sollte den Kindern immer die Möglichkeit dazu eingeräumt werden. Es können Bilder gemalt, Zeichnungen angefertigt oder Fotos auf ein Plakat geklebt werden. Besonders stolz sind die Kinder, wenn sie das gesamte Sonnenprojekt in einem Leporello oder Versuchsheft festhalten können. Oder aber ihnen wird eine Mappe zur Verfügung gestellt und sie halten nur ihre Lieblingsversuche darin fest.

Versuch: Bedeutung der Sonne

Besorgen Sie drei Pflanzen der gleichen Art (z. B. Lavendel, der noch keine Knospen gebildet hat), die relativ gleich gewachsen sind, und topfen Sie sie gemeinsam mit den Kindern in Blumentöpfe ein. Stellen Sie einen der Töpfe an einen sonnigen und einen weiteren an einen schattigen Ort. Bringen Sie den dritten bspw. in einen verschließbaren Schrank, in dem es gar kein Licht gibt. Alle drei Töpfe werden nun regelmäßig mit Wasser versorgt. Den Kindern wird die Bedeutung der Sonne aufgrund der Versuchsergebnisse (die Pflanze wächst, gedeiht prächtig und blüht ggf. – die Pflanze wirkt weniger kräftig und entwickelt keine Blüten – die Pflanze beginnt einzugehen) sichtbar. Die Größeren werden darüber hinaus auch feststellen, dass sich die Pflanze zur Sonne hinwendet. Benutzen Sie für diesen Versuch bitte keine Samen, die Sie in Erde gesetzt haben. Einige Samen keimen in der Dunkelheit besonders gut, so dass sich der Versuch nicht eignen würde, um die Bedeutung der Sonne zu demonstrieren.

Versuch: Intensität der Sonne

In einem zweiten Schritt sollte den Kindern verdeutlicht werden, wie **stark und heiß** die Sonne ist. Die Kinder können dafür in zwei Gruppen aufgeteilt werden. Jede erhält einen Gefrierbeutel mit gefrorenem Wasser. Die eine Gruppe legt ihren Beutel direkt in die Sonne, die andere in den Schatten. Die Gruppe, deren Eis zuerst geschmolzen ist, gibt ein Signal (Pfeife, Glocke, lautes Rufen). Man kann die Kinder den Versuch natürlich auch gemeinsam erleben lassen. Die Beutel werden in unmittelbare Nähe gelegt. Die Kinder können hin- und herlaufen und ihre Beobachtungen anstellen. Eine weitere Möglichkeit besteht darin, eine Kerze oder Wachsfigur der prallen Sonne auszusetzen.

Wenn man einen längeren Beobachtungszeitraum in Kauf nehmen möchte, können die Kinder buntes Papier oder Pappe in die Sonne (Fensterbank) und ggf. in den Schatten legen und darauf Schablonen platzieren. Die älteren Kinder können diese selbst herstellen, indem sie ihre Hände auf Karton umran-

■ Ausreichend geschützt, können die Kinder die Sonne genießen!

Die Kinder dokumentieren mit selbstgemachtem Material, was beim Sonnenschutz zu beachten ist.

den und ausschneiden. Die kleineren können Puzzleteile, getrocknete, mit Steinen beschwerte Blätter oder Sandkastenförmchen auf die Unterlage legen, die dann nicht mehr bewegt werden dürfen. Die ausgeblichenen Unterlagen sind später sehr dekorativ und können ausgestellt werden.

Sonnenritual

Wenn die Kinder um die positive Wirkung der Sonne wissen, aber auch erlebt haben, welche Kraft von ihr ausgeht, sind die Bedingungen geschaffen, um sie über die Gefahren aufzuklären. Als Einstieg kann mit den Kleineren eine einfache **Bildergeschichte** zum Thema „Sonnenbrand“ betrachtet werden. Diese kann ohne großen Aufwand von der Erzieherin angefertigt werden: **1.** Ein Kind spielt in der Sonne. **2.** Abends geht es dem Kind schlecht (hängende Arme, trauriges Gesicht) und die vor der Sonne ungeschützt gebliebene Haut ist knallrot geworden. Wer künstlerisch wenig begabt ist, kann problemlos auf Strichmännchen zurückgreifen. Bei den Kleinen wird der Inhalt je besser erfasst, desto einfacher die Bilder gestaltet sind. Für die Größeren eignet sich eine passende **Geschichte,** die von der Erzieherin vorgelesen wird (z. B. die des Clowns Zitzewitz, kostenfrei zu beziehen unter → *www.sonne-mit-verstand.de/arbeitsmaterialien/doc/arbeitsmappe.pdf*). Es schließt sich ein Gespräch über den Sonnenbrand an. Die Kinder sollten sich in jedem Fall spontan zu den Geschichten äußern und über **eigene Erfahrungen** und Beobachtungen berichten können. Es wird zusammengetragen, mit welchen einfachen Mitteln wir uns vor der Sonne schützen können:

- Sonnencreme
- Sonnenhut mit breiter Krempe
- luftige Kleidung: langes Hemd, Hose und Schuhe
- im Schatten aufhalten
- viel trinken

Bei allzu großer Hitze empfiehlt es sich allgemein, die **Mittagssonne zu meiden.**

Gemeinsam mit den Kindern bietet es sich nun an, Material zu erstellen, das für das zukünftige **Sonnenritual** genutzt werden kann. Auf ein weißes Poster (A3) wird ein Kind gemalt und ausgeschnitten und anschließend laminiert (in dieser Größe fertigen Copyshops Laminierungen an). Außerdem werden die aufgezählten Sonnenschutzgegenstände gezeichnet (auf A4), ebenfalls ausgeschnitten und laminiert. Diese können mit Wäscheklammern oder besser noch mit Klettklebeband an der Figur befestigt werden. Bevor die Kinder einer Gruppe nach draußen gehen, werden die Sonnenschutzmittel aufgezählt und angeheftet. Alle Kinder kontrollieren gemeinsam mit den Erzieherinnen, ob sie selbst ausreichend geschützt sind. Alternativ kann jedem Kind, das sonnengeschützt ist, auch ein Aufkleber für ein Sonnen-Stickeralbum ausgehändigt werden. Die Kosten dafür sind natürlich deutlich höher.

Passend zum „Sonnenkind“-Material lernen die Kinder einen Sonnenrap, mit dem sie sich die **Sonnenschutzmaßnahmen einprägen** und der die Kinder unglaublich motiviert, nicht nachlässig zu sein. Außerdem macht der Sprechgesang den Kindern gute Laune.

Sonnenrap

Die Sonne brennt, es ist echt heiß,
wir schmelzen fast, es läuft der Schweiß!
Doch cool zu bleiben ist der Hit,
seid jetzt schlau, macht alle mit.

Die Sonnencreme ist angenehm,
der Sonnenhut steht jedem gut,
mit Kleidung schützen wir die Haut
im Schatten spielen ist erlaubt.

Wir passen auf, das ist doch klar,
wir Sonnenkids schreien laut HURRA!

Für das Freispiel können die älteren Kinder ein **Sonnenschutz-Memo** ausmalen. Entweder malen die Kinder jedes einzelne Sonnen(schutz)symbol zweimal oder sie entwerfen ein Memo, bei dem der eine Teil des Pärchens ein „cooles" Kind zeigt, z. B. mit Sonnenhut, und der andere einen „Hitzkopf", z. B. ohne Kopfbedeckung. Zwecks einer langen Verwendbarkeit ist es auch hier ratsam, das Material zu laminieren. Die kleineren Kinder können solch ein Memo ausmalen (herunterzuladen unter *→ www.unserehaut.de Sonne → Kind & Sonne → Spielerisch lernen → Geschichten und Basteln für Kindergartenkinder).*

■ Bei Hitze viel trinken nicht vergessen!

Versuch: Bedeutung des Trinkens

Gerade im Sommer bei hohen Temperaturen ist es besonders wichtig, dass die Kinder **ausreichend trinken.** Um den Kindern diese Notwendigkeit zu verdeutlichen, eignet sich ein Versuch, für den erneut zwei Pflanzen herhalten müssen. Auch diesmal wird die eine in die Sonne gestellt, die andere in den Schatten. Beide Pflanzen werden zunächst nicht mehr mit Wasser versorgt. Nach angemessener Zeit werden Beobachtungen angestellt. Es finden sich Antworten auf die Fragen: Was passiert mit der Blumenerde und was mit der Pflanze selbst? Die Pflanze in der Sonne wird welk. Ihre Blätter hängen schlapp herunter. Die Erde ist ausgetrocknet.
Das Gleiche passiert mit der Pflanze im Schatten, nur, dass es länger dauert. Die Ergebnisse leuchten schnell ein. Lebewesen brauchen Wasser. Auf jeden Fall die Pflanzen und wir Menschen ja auch, sonst bekommen wir Durst und fühlen uns schlapp, genau wie die Blumen. Diese Erfahrung haben alle Kinder schon einmal gemacht. Besonders wichtig ist das Trinken, wenn die Sonne scheint, sonst trocknen wir noch schneller aus. Die Pflanzen nach gewonnener Erkenntnis schnell gießen und auf ihre allmähliche Rettung anstoßen. Sollte keine baldige Genesung eintreten, bleibt der Pflanze der Trost eines Heldentodes. Die Erkenntnis ist in diesem Fall besonders eindringlich und nachhaltig.

Sonnige Bewegungsidee

Während des Sonnenprojektes und gern auch darüber hinaus haben die Kinder mit dem bekannten Spiel „Feuer – Wasser – Sturm", modifiziert zu **„Sonne – Regen – Sturm"**, eine Menge Spaß. Alle Kinder bewegen sich zu sonnig-fröhlicher Musik durch den Raum (z. B. „Let the sunshine in /

Aquarius“ aus dem Musical „Hair“, „Here comes the sun“ von den Beatles oder „Sommerkinder“ von Rolf Zuckowski (z. B. auf der CD „Rolfs Liederkalender“); auf „House of the rising sun“ von The Animals ist aufgrund der davon ausgehenden melancholisch-bedrückenden Stimmung eher abzuraten). Ruft die Erzieherin oder ein vorher dafür bestimmtes Kind „Sonne!“, müssen alle Kinder so tun, als ob sie sich eincremen und einen Sonnenhut aufsetzen und dann unter eine große Decke oder ein Laken krabbeln, das ihnen Schatten spendet. Ertönt das Wort „Regen“, spannen sie mit den Händen einen nicht vorhandenen Regenschirm auf und stampfen durch die Pfützen. Draußen können auch blaue Kreidekreise als Pfützen fungieren und die Kinder springen von Wasserfleck zu Wasserfleck. Hören die Kinder das Wort „Sturm“, müssen sich alle Kinder an die Hände nehmen, damit sie nicht wegwehen. Bei schlechtem Wetter kann natürlich die Musik entsprechend angepasst werden. Bei Regen bietet sich an: „Es regnet“, „Die Regenfinger“ und „Wolkenkanon“ von der CD „Wir Kinder vom Kleistpark. Lieder, Verse und Tänze aus aller Welt“ von Elena Marx und Jens Tröndle. Alle drei Titel eignen sich für ruhigere, fließende Bewegungen durch den Raum, aber auch beliebte Klassiker wie „Unter dem Meer“ aus dem Musical „Arielle, die Meerjungfrau“ oder „Quietsche-Entchen“ aus der „Sesamstraße“ passen im weiteren Sinne zum Thema „Wasser“ und sorgen für Elan und Begeisterung während der Bewegungslieder. Von Nena gibt es ein Album mit Kinderliedern „Himmel, Sonne, Wind und Regen“, das alle Wetterlagen abdeckt.

TIPP Zur Nachahmung unbedingt empfohlen sind große Sonnensegel, die über den Außengeländen einiger Kindergärten schweben! Zu beziehen sind sie unter: www.sonnensegelfuerkindergarten.net.

Wenn Wolken aufziehen

Wie eingangs gesagt, gibt es Kindergärten, die sich dem Eincremen der Kinder verweigern. Andersherum kann der Schwarze Peter auch bei den Eltern liegen. Dann ist es an den Erzieherinnen, die **Erziehungsberechtigten** zu informieren und zur Achtsamkeit aufzurufen. Am Morgen müssen die Kinder eingecremt abgegeben werden. Es ist nicht einzusehen, dass die Aufgabe schon morgens den Erzieherinnen aufgedrückt wird. Nach dem Mittagessen bzw. -schlaf sind dann die Erzieherinnen in der Verantwortung.

Dabei gilt zu bedenken: Studien zeigen, dass Kinderhaut oft deshalb nicht ausreichend vor der Sonne geschützt ist, weil zu geringe Mengen an Sonnenmittel aufgetragen werden. Die **Faustregel** für Kinder besagt: ein Teelöffel Sonnenmilch für das Gesicht, zwei Esslöffel für alles andere. Natürlich möchten die Kinder die Creme selbst abmessen.

Kurz + knapp

- *Dass **Sonnenschutz** besonders für Kinder **obligatorisch** ist, steht aus wissenschaftlicher Sicht außer Frage.*
- *Damit wird ein **Sonnenschutzprogramm** auch zur Aufgabe der Kita.*
- *Es empfiehlt sich, ein **Sonnenritual** zu institutionalisieren, mit dem die Kinder verinnerlichen, wie sie sich vor der Sonne schützen können und mit dem Sonnenschutz selbstverständlich wird.*

7 Die Zusammenarbeit der Erzieherinnen und Eltern

An dieser Stelle sollen Sie für die Problematik der in der einschlägigen Literatur bezeichneten „Erziehungspartnerschaft" – denn der Begriff „Elternarbeit" suggeriert ja bereits, dass die Eltern „Arbeit machen" – sensibilisiert werden.
Fest steht, dass wir trotz augenscheinlicher Heterogenität der Elternschaft von einer autoritären und mächtigen, zuweilen Angst einflößenden Gruppe sprechen. Die Eltern sind sich ihrer Macht dabei durchaus bewusst. So singt Reinhard Mey in seinem nicht umsonst so populären Lied „Elternabend" (Reinhard Mey: „Alles geht", Intercord 1992):

Und einer sagt ganz richtig:
„Wir Eltern sind sehr wichtig!"
Da spart keiner mit Applaus
Und dann ist der Elternabend aus.

Nun macht das **Selbstverständnis der Eltern** das Aufeinandertreffen der „Parteien" von vornherein nicht einfach.

Daneben wohnt im Regelfall einem jeden, der mit Eltern arbeitet, diesen gegenüber eine tiefe, oft auch negativ geprägte Grundeinstellung inne. Die individuellen Erfahrungen, die jede Erzieherin mit ihren eigenen Eltern gemacht hat, werden unbewusst auf die Gruppe der Eltern im Kindergarten projiziert (Übertragung) und prägen so ganz entscheidend ihr Werturteil über das, was Eltern für sie persönlich bedeuten.

Aufgrund des ungeheuren Selbstbewusstseins der Elterngruppe und der nicht ganz von der Hand zu weisenden Befangenheit aufseiten der Erzieherinnen ist die „Elternarbeit“ vorbelastet, bevor sie überhaupt begonnen haben mag.

Es kommt nicht von ungefähr, wenn Mütter mit Löwinnen verglichen werden. Der Beschützerinstinkt setzt das Aggressionspotential deutlich hinauf. Dieser metaphorisierte Vergleich, wir sprechen im Folgenden der Einfachheit halber von der „Löwen-Theorie“, macht deutlich, dass die Erzieherinnen automatisch in eine „Dompteur-Rolle“ gedrängt werden. Es geht nun darum, die „Elternarbeit“ nicht in eine Zirkusvorstellung mit wild gewordenen Katzen und sich in andauernder Angst sehenden Dompteuren ausarten zu lassen, sondern **Prinzipien und Wege** zu suchen, bei denen es nicht um ein Kräftemessen, sondern um die gemeinsame optimale Förderung der Kinder geht.

Zunächst zum Wortgebrauch. Zwar hat sich der Begriff **„Erziehungspartnerschaft“** größtenteils durchgesetzt, jedoch stören sich viele an dem Wort „Partnerschaft“. Das Wort steht in erster Linie für eine gleichberechtigte Beziehung, die in der Lebenspraxis fast immer konfliktbelastet ist und zu einem hohen Prozentsatz mit einer Trennung endet. Und so sollte besser ein zumindest unbelastetes Wort gewählt werden. Zudem kann Distanz, die als ein Baustein der „Erziehungspartnerschaft“ unanfechtbar ist, schnell das Ende einer partnerschaftlichen Beziehung bedeuten. So trifft diese Bezeichnung nicht den Charakter des Gegenstandes.
Wie wäre es z. B. mit **„Erziehungs-GmbH“**, die als Gesellschaft zwar eine Gemeinschaft ist und deren Mitglieder dasselbe Ziel verfolgen, als Teil eines wirtschaftlichen Unternehmens aber auch untereinander die nötige Distanz wahren.

Spannungsfeld Sicherheit

Nun gestaltet sich die Arbeit der Erziehungs-GmbH, die, wie ausgeführt, ohnehin recht kompliziert und konfliktbehaftet ist, im Bereich Sicherheit noch brisanter. Das hat folgende Gründe.

Ausschluss der Eltern

Das Thema „Sicherheit“ wird vonseiten vieler Kitas tendenziell stiefmütterlich behandelt. Die Eltern erhalten **kaum Informationen** hinsichtlich des Sicherheitskonzeptes der Kita. Sofern die Sicherheitsbedingungen von der Kita regelmäßig reflektiert und verbessert werden, wird diese Arbeit den Eltern nicht präsentiert. Ferner wird die **Meinung der Eltern** zu diesem Thema **nicht abgefragt** oder gar analysiert und in das Sicherheitskonzept der Kita integriert. Es besteht ein **Mangel an Information, Analyse und Integration.** Die Eltern werden aus einem Bereich ausgeschlossen, der für sie von existenzieller Bedeutung ist: die Sicherheit ihrer Kinder. Das Konfliktpotential ist dementsprechend hoch, denn Eltern fordern allgemein ein ausgesprochen hohes Maß an Mitbestimmung.

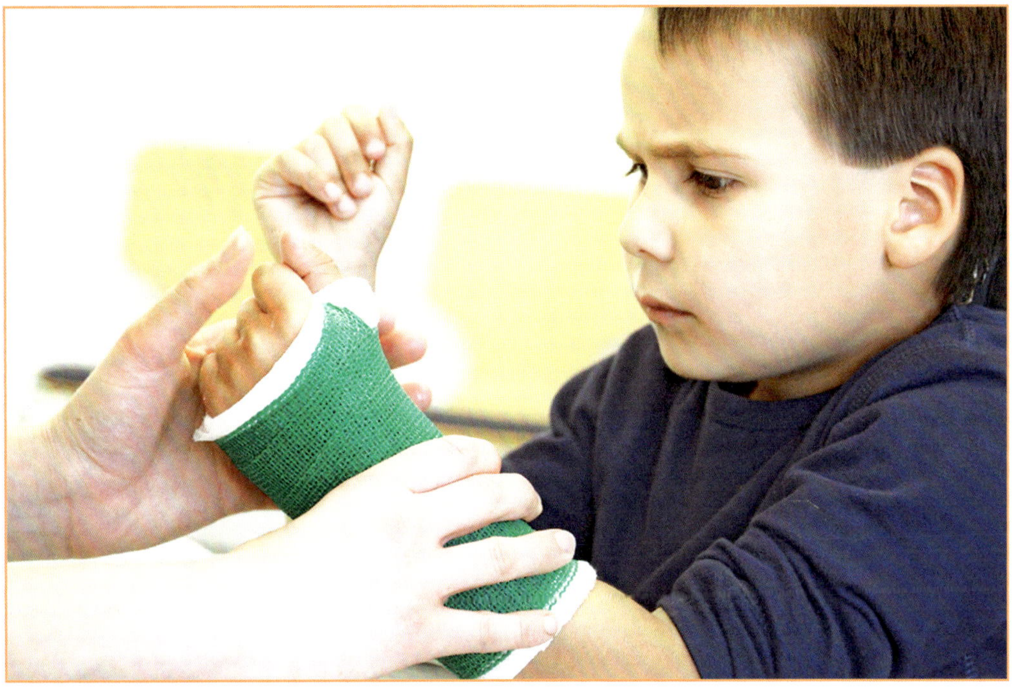

Die Eltern sollten nicht erst in das Sicherheitskonzept der Kita eingeweiht werden, wenn etwas passiert ist.

Ein Unfall als Auslöser

Die Thematik wird meist erst dann auf den Plan gerufen, wenn etwas passiert ist, es zu einem brenzligen Vorfall gekommen ist oder sich gar ein Unfall ereignet hat. Ein Kind kommt bspw. mit starkem Sonnenbrand oder gar Sonnenstich nach Hause und die Eltern reagieren analog zur „Löwen-Theorie" ihrer Gattung nach emotional mit „Gebrüll". Es kommen in der Folge Fragen nach dem **Sicherheitskonzept** der Kita zum Thema Sonnenschutz auf. Oder ein Krippenkind fällt vom großen Kletterturm und bricht sich ein Bein. Daraufhin werden die **Sicherheitsbedingungen** der Kita infrage gestellt. Oder aber ein Kind schubst seinen Spielgefährten auf dem Weg in den Garten die Treppe hinunter. Die Eltern befürchten, dass die Kita nicht genug Wert auf die **Sicherheitserziehung** legt, und verlangen, dass der Träger Rede und Antwort steht.

Das ohnehin sehr heikle Thema Sicherheit wird noch spannungsgeladener aufgrund der durch einen Vorfall ausgelösten hochkochenden Emotionen der Eltern.

Zumeist verhält es sich so, dass bei einem Unfall in einem der in diesem Buch thematisierten Sicherheitsbereiche die Frage nach der Sicherheit im Allgemeinen aufkommt, geschürt durch die Tatsache, dass diesbezüglich prinzipiell Informationsarmut herrscht.

Die Eltern haben verschiedene Vorstellungen von Sicherheit, die einen finden Sicherheitslücken bedrohlicher als andere und erwarten Veränderungen in unterschiedlich starken Ausprägungen. Und so trägt sich einiges zusammen. Die aufkommende Debatte gleicht schnell einem Lauffeuer.

GUT ZU WISSEN

*Eine **Vermeidungsstrategie** macht das heikle Thema Sicherheit nur eins: explosiv. Um dem vorzubeugen, gilt es rechtzeitig zu agieren und das Vermeiden zu vermeiden. Die Sicherheit darf nicht erst dann zur Sprache kommt, wenn etwas vorgefallen ist und die Eltern wütend und voller Vorwürfe sind.*

Die erfolgreiche Erziehungs-GmbH

Generell bedarf es eines an der Lebenswelt der Kinder orientierten Verständnisses von Kindergarten, zu dem in der Konsequenz die Kinder, das pädagogische Fachpersonal und die Eltern zählen. Starke hierarchische Abstufungen im Sinne einer Rangordnung, bei der die Eltern als letztes Glied begriffen werden, sind nicht haltbar. Sie wären nicht im Sinne des Kindes, dessen optimale Förderung und Entwicklung Dreh- und Angelpunkt der Kindergartenarbeit darstellen.

Das Kind ist gewissermaßen als Spiegel seiner Familie zu verstehen. Fühlen sich die Eltern im Kindergarten angenommen, sicher und entspannt, so wird sich auch ihr Kind wohlfühlen und selbstsicher auftreten können. Wenn die Erzieherinnen nicht im Einklang mit den Eltern sind, wird sich dieser Stress auf das Kind übertragen und eine Distanz oder gar Diskrepanz zwischen Erzieherin und Kind (Transfer der Spannungen) bewirken. Der Kindergarten, der für das Kind Lebenswelt sein sollte, wird negativ besetzt und bildet einen Rahmen, der es in seiner Entwicklung eher hemmt denn fördert. Diese Belastung ist für das Kind unzumutbar. Es kann sich nicht frei entfalten. Vor diesem Hintergrund ist die **Integration der Familien** der Kinder im Kinder- und Jugendhilfegesetz (KJHG) ganz eindeutig festgeschrieben, weil die Erziehungs- und Förderungsziele durch Separation gerade nicht zu erreichen sind.

Im Fachbereich Sonderpädagogik geht der Trend dahin, den Begriff Integration durch den Begriff der Inklusion zu ersetzen. Das Wort leitet sich aus dem Lateinischen ab. „Includere“ bedeutet „einschließen“. Es ist durchaus sinnvoll, diesen Wortgebrauch auch auf die Eltern im Kindergarten zu übertragen. Es bedarf klar einer Sichtweise, bei der die Eltern in die Kindergartenarbeit eingeschlossen und nicht ausgeschlossen werden.

TIPP

- Ein Kindergarten, der die optimale Förderung der Kinder ernst nimmt, setzt auf flache Hierarchien und schließt die Eltern in die pädagogische Arbeit mit ein.
- Der Zusammenschluss als Erziehungs-GmbH ist für Erzieherinnen und Eltern profitabel.

Nicht zuletzt bedeutet eine gelungene Erziehungs-GmbH einen **Gewinn** für die Erzieherschaft. Die Eltern sind hinsichtlich ihrer eigenen Kinder Experten. Wie auch umgekehrt können die Erfahrungen, die Eltern mit ihrem eigenen Kind machen, das Bild der Erzieherin komplettieren oder auch erklären und ihnen wichtige Rückschlüsse für die pädagogische Arbeit geben. Das können ganz profane Dinge sein, bspw. die Weitergabe der Information an die Erzieherin, dass das Krippenkind gerade zahnt und daher auch mittags massive Schlafprobleme hat. Ohne diesen Hinweis würde die Erzieherin zunächst anhaltslos nach Gründen für die Unruhe des Kindes im Kindergarten suchen. „Elternarbeit“ kann auch bedeuten, dass den Erzieherinnen Arbeit abgenommen wird. Ein Elternteil bringt nach gemeinsamem Beschluss z. B. eine Wasserprobe zwecks Analyse zu den Wasserwerken.

Information der Eltern

Wenn die Eltern im Kindergarten eine **inklusive Betrachtung** erfahren, besteht ein bedeutender Pfeiler der Arbeit zum Thema Sicherheit zunächst in der **Information der Eltern.** Es ist überaus wichtig, dass die Kita die Thematik der Sicherheit von sich aus aufgreift und die Eltern in ihre Überlegungen und Umsetzungen diesbezüglich mit einbezieht. Das Sicherheitskonzept der Kita muss für die Eltern unbedingt transparent sein. Information und Transparenz sind wichtige Bausteine, um sich das Vertrauen der Eltern zu erarbeiten. Dies kann geschehen in Form von **schriftlichen Informationsquellen** und **Elternabenden.**

Mit **Elternbriefen** erreicht man, dass die Eltern das Gelesene erst einmal gedanklich verarbeiten können, bevor sie in Kontakt mit den Erzieherinnen treten. Andererseits wird dadurch vorerst verhindert, dass die Eltern sich spontan äußern können. Es kommen Fragen auf, die beantwortet werden wollen. So ist das persönliche Gespräch bereits mit einzuberaumen, indem auf den nächsten Elternabend verwiesen wird. So wissen die Eltern, dass ihnen für die offenen Fragen oder auch Anregungen ein Forum geschaffen wird. Elternbriefe können den persönlichen Austausch allenfalls vorbereiten, nicht aber ersetzen.

Für ausgesprochene Professionalität spricht es, wenn parallel zu der Information durch die Erzieherinnen **Literatur** ausgelegt wird. Zum einen beruhigt es die Eltern, dass die Erzieherinnen nicht ausschließlich „aus der Praxis" sprechen, sondern auch einen theoretischen Hintergrund ihres Konzeptes vorweisen. Zum anderen können Sie als Erzieherin Ihre Konzeption und Ihre Argumente anhand der Literatur belegen und absichern.

Informationsbroschüren zu den einzelnen Themen können im Netz häufig kostenfrei geordert werden (z. B. zum Thema Sonnenschutz, Schadstoffbelastung oder der Ernährung).

Information gelingt besonders anschaulich über den Weg der **Präsentation.**

■ Die Sicherheit der Kinder ist für Eltern essentiell – beantworten Sie daher all ihre Fragen, z. B. auf einem Elternabend.

Wenn Sie Projekte zum Thema Sicherheit in der Kita durchführen, lohnt es sich, diese auszustellen. Fotografieren Sie die Kinder bei ihrer Arbeit (bspw. beim Jäten von giftigen Pflanzen) oder in Situationen, während denen Sie für besondere Sicherheit gesorgt haben, z. B.: Die Kinder sitzen im Hochsommer im Schatten und trinken ihr Wasser aus PVC-freien Schnabeltassen oder aus Keramikbechern mit XS-Strohhalmen. Und auch die kleinen Gefahrenprojekte wollen dokumentiert werden. Sie können Fotos und Bilder an Wandtafeln arrangieren, Handouts verteilen oder gemeinsam mit den Kindern kleine Heftchen oder Poster gestalten.

TIPP

Ansprechende Vorschläge zur Zusammenarbeit mit Eltern sind zu finden bei: *Lindner, Ulrike:* **Eltern informieren, überzeugen und begeistern.** Kita Projekte originell dokumentiert … Verlag an der Ruhr, Mülheim an der Ruhr 2011.

Mit der Information der Eltern über die geleistete Arbeit und eventuelle Vorhaben der Erzieherinnen im Bereich Sicherheit sind die Eltern aufgeklärt über den Ist- und ggf. auch Sollstand des Sicherheitskonzeptes, an dem sie bis dato aber nicht teilhaben können. Es ist allenfalls die **Voraussetzung** geschaffen für die Zusammenarbeit der Erziehungs-GmbH zum Thema Sicherheit. Die Eltern machen sich ein erstes theoriebegleitetes Bild und gleichen dieses mit ihrem eigenen Eindruck der Wirklichkeit im Kindergarten ab. Sie bekommen eine Orientierungshilfe und ggf. erste Begründungen für einzelne Sicherheitsbeschlüsse. Sie werden im Optimalfall motiviert, sich in zukünftige Sicherheitsbestrebungen aktiv mit einzubringen.

Fotos informieren die Eltern über die Projekte zum Thema Sicherheit.

Holen Sie sich die Meinung der Eltern persönlich ein – auf einem extra dafür einberufenen Elternabend.

Analyse der Elternmeinungen

Eltern möchten aber nicht ausschließlich informiert werden. Gerade in einem Bereich, der für sie von existentieller Bedeutung ist, möchten sie mitwirken. Das langfristige Ziel besteht in der gemeinsamen Arbeit an der Konzeption der Sicherheit.

Voran geht dieser Partizipation die **Analyse der Elternmeinungen.** Sie ist ein wichtiger Schritt, um den Eltern zu demonstrieren, dass sie mit ihren Wünschen und Bedenken ernst genommen werden. Eine Analyse impliziert, dass ihr Standpunkt von Interesse ist. Wenn den Eltern erfolgreich vermittelt werden kann, dass ihre Befürchtungen akzeptiert und angenommen werden, werden Angst und Misstrauen bereits abgebaut.

Um die Haltung der Eltern zu ermitteln, empfiehlt es sich, auf die Eltern zuzugehen und sie zum Thema Sicherheit zu **interviewen.**

Das kann in einer offenen Runde auf einem explizit dafür ernannten **Elternabend** geschehen. Auf einem Plakat, White- oder Smartboard hält die Erzieherin ein **Brainstorming** fest, dessen Mittelpunkt das Wort Sicherheit bildet. Die Wortmeldungen werden mithilfe dieser Methode gesammelt, sortiert und gebündelt, bevor überlegt werden kann, an welchen Bereichen konkret gearbeitet werden soll. Selbstredend wird die Arbeit protokolliert.

Besonders wertvoll ist es, als Vorbereitung auf den Elternabend einen **Fragebogen** (*→ am Ende des Kapitels*) zum Thema Sicherheit auszuhändigen. Die Eltern setzen sich so im Vorfeld ausführlich mit dem Inhalt auseinander und fixieren ihre Meinung schriftlich. Das hat den Vorteil, dass an dem kommenden Elternabend im Allgemeinen alle Teilaspekte zur Diskussion stehen und nicht im Nachhinein nach und nach Ergänzungen an Sie herangetragen werden, wobei schnell der Überblick verloren geht.

Nach Auswertung der einzelnen Angaben sind Sie gut über das Stimmungsbild informiert und auf einzelne Baustellen hingewiesen. Sie können den Elternabend gründlich vorbereiten. Da Sie wissen, was die Eltern im Einzelnen bewegt, haben Sie die Möglichkeit, sich selbst Ihre persönliche Meinung zu einem bestimmten Thema bewusst zu machen. Dafür lohnt es sich, einen Blick in die einschlägige Literatur zu werfen, um sich auf dem Stand der aktuellen Forschungsdiskussion zu wissen (bspw. zur Sportpädagogik hinsichtlich der Sicherung von Sportgeräten). In diesem Buch sind die wissenschaftlichen Ergebnisse der einzelnen Teilbereiche für Sie bereits recherchiert und zusammengefasst. Strittiges oder ggf. auch Rechtliches kann mit der Leitung und der Sicherheitsbeauftragten im Vorfeld abgeklärt werden. So können Sie sicher und selbstbewusst in den Elternabend hineingehen und kompetent auftreten.

Erscheint der Grundtenor anhand der Fragebögen sehr negativ, ist es ratsam, den Elternabend gemeinsam mit der Leiterin zu gestalten.

Inklusion der Eltern

Auf die Information der Eltern und die Analyse der Elternmeinungen folgt der dritte und entscheidende Grundpfeiler: die **Partizipation** bis hin zur gleichberechtigten **Inklusion.**

Damit beginnt die tatsächliche Arbeit als Erziehungs-GmbH. An dieser Stelle schließt sich der Kreis zur eingangs dargestellten und auf die Arbeit an der Sicherheit im Kindergarten abgerundeten **Projektmethode** nach Karl Frey. Da hierbei neben den Erzieherinnen und Eltern auch die Kinder an der Umsetzung beteiligt sind, findet Erziehungs- und Bildungsarbeit im Kindergarten par excellence statt. Nebenbei wird auch der Weg zum pädagogischen Ziel, ohne dabei das Ziel als solches in seiner Bedeutung herabzusetzen. Die wesentliche Motivation des Projektes ist das Ziel eines sicheren Kindergartens.

Wird die Sicherheitskonzeption von Erzieherinnen und Eltern erarbeitet bzw. überarbeitet und umgesetzt, bedeutet das auch, dass ein Teil der Ver-

Wenn die Eltern der Kita vertrauen, können sich die Kinder frei und sicher entwickeln.

antwortung für die Sicherheit der Kinder – wenn auch nicht rechtlich, aber in jedem Fall rational und moralisch – an die Eltern abgegeben wird. Damit wird die Kita vom Druck befreit, sich nach einem Vorfall allein für ihr Versäumnis rechtfertigen zu müssen. Ereignet sich ein Unfall, muss das Konzept gemeinsam reflektiert werden. Es wird größtenteils aber hinfällig, die Schuld allein bei der Kita zu suchen, die sich ja für die Mitarbeit der Eltern an der Konzeption Sicherheit geöffnet hat. Das bedeutet eine große Entlastung für das pädagogische Fachpersonal. Hat die Erziehungs-GmbH bspw. gemeinsam entschieden, dass die Kinder auf dem Kletterbaum klettern dürfen und ein Kind stürzt ab, so kann dieser Beschluss zwar überdacht werden, der Unfall aber nicht allein der Kita angelastet werden.

Vertrauen

Vertrauen ist neben der Sicherheit selbst vielleicht das Wichtigste, das über das Informieren der Eltern, das Ernstnehmen ihrer Bedürfnisse mittels Analyse und ihre Inklusion im Bereich Sicherheit gewonnen werden kann. Es führt zu **Entspannung** auf beiden Seiten. Wenn die Eltern davon überzeugt sind, dass das Sicherheitskonzept der Kita stimmig ist und sie selbst dahinterstehen, werden sie weniger durch die Gänge schleichen, um zu begutachten, ob ihre Kätzchen sicher sind – weder mit Samtpfoten noch mit ausgefahrenen Krallen. Sie werden ihre Angewohnheit ablegen, alles zu hinterfragen. Die Erzieherinnen fühlen sich in der Konsequenz weniger kontrolliert und in ihrer Kompetenz infrage gestellt. Sie genießen im wahrsten Sinne des Wortes das Vertrauen der Eltern. Es ist somit ganz gewiss lohnend, sich das Vertrauen der Eltern zu erarbeiten. Vertrauen muss sich über positive Erfahrungen innerhalb der Erziehungs-GmbH erst bilden. Es kann nicht in vollem Maße von vornherein vorausgesetzt werden. Wenn auch mit der bewussten Wahl einer Kita per se ein gutes Grundgefühl verbunden sein sollte, muss sich ein Vertrauensverhältnis erst entwickeln. Mit Transparenz, ernsthaftem Interesse an den Standpunkten der Eltern und einem integrativen Ansatz sind Sie auf dem richtigen Weg dahin.

Um innerhalb der Erziehungs-GmbH zu einer vertrauensvollen und gewinnbringenden Beziehung zu gelangen, ohne dabei aber persönliche Grenzen zu überschreiten und so Gefahr zu laufen, dass komplexe Gefühle den Blick auf die Sachebene versperren, müssen stringent fachliche **Prinzipien** berücksichtigt werden. Und das insbesondere bezüglich einer tendenziell heiklen und anspruchsvollen Thematik. Für den Bereich Sicherheit sind dabei folgende Parameter bedeutsam:

- Für ein von Vertrauen geprägtes und doch sachliches Verhältnis muss das richtige Maß zwischen **Nähe und Distanz** eingehalten werden.
- Aufgrund der nicht ganz unbelasteten Beziehung zwischen Eltern und Erzieherinnen ist die **Reflexion** der eigenen Haltung und des daraus resultierenden Verhaltens eine unabdingbare Voraussetzung für eine gute Zusammenarbeit.
- Die Einhaltung von **Kommunikationsregeln** ermöglicht konstruktive Gespräche und verhindert die Eskalation im Konfliktfall. Da spontane Tür- und Angel-Gespräche aufgrund des Charakters der Thematik (Unfälle ereignen sich unvorbereitet) und des allgemeinen Umgangs damit (Vermeidungsstrategie) eine dominierende Gesprächsform darstellen und negative Emotionen den Inhalt prägen (Wut, Vorwurf, Angst, Unsicherheit usw.), ist die Beherzigung schwierig, aber besonders entscheidend.

TIPP

- *Bostelmann, Antje (Hg.):* **Achtung Eltern! im Kindergarten.** Typische Konflikte mit Eltern, und wie man damit umgeht. Verlag an der Ruhr, Mülheim an der Ruhr 2007 (plus Sicherheit).
- *Dusolt, Hans:* **Elternarbeit als Erziehungspartnerschaft.** Ein Leitfaden für den Vor- und Grundschulbereich. Beltz Taschenbuch, Weinheim und Basel 2008.
- *Hess, Simone (Hg.):* **Grundwissen Zusammenarbeit mit Eltern in Kindertageseinrichtungen und Familienzentren.** Cornelsen Verlag, Berlin 2012.
- *Hüskes, Angelika:* **Elternarbeit im Kindergarten.** BVK Buch Verlag Kempen, Kempen 2012.
- *Klein, Lothar; Vogt, Herbert:* **Eltern in der Kita.** Schwierigkeiten meistern – Kommunikation entwickeln. Kallmeyer, Seelze-Velber 2008.
- *Lindner, Ulrike:* **Klare Worte finden. Elterngespräche in der Kita.** Verlag an der Ruhr, Mülheim an der Ruhr 2013.
- *Roth, Xenia:* **Handbuch Bildungs- und Erziehungspartnerschaft.** Zusammenarbeit mit Eltern in der Kita. Herder Verlag, Freiburg 2010.

Nähe und Distanz

Eine von Vertrauen geprägte Erziehungs-GmbH ist ohne Nähe nicht denkbar. Mit der Berücksichtigung der drei Grundpfeiler kommen sich Erzieherinnen und Eltern unweigerlich näher. Information, Analyse und Inklusion implizieren zwei Komponenten: **Zeit und Kommunikation.** Nähe entsteht, indem sich die Zeit genommen wird für die Kommunikation mit den Eltern, für Konfliktbewältigung und Krisenmanagment. Über gemeinsame positive Erlebnisse kann erreicht werden, dass sich innerhalb der Erziehungs-GmbH ein Wir-Gefühl, eine gemeinsame Identität bildet. Es ist sehr wichtig, dass eine Zusammenarbeit nicht nur in negativen Situationen erfolgt, sondern dass bspw. auch zusammen gefeiert wird (Erntedankfest, Weihnachtsfeier, Sommersonnenwende usw.).

Es ist dabei nicht das Ziel der Erziehungs-GmbH, dass die Erzieherinnen und Eltern auf die Ebene einer tiefen Freundschaftsbeziehung gelangen, die bedeuten könnte, dass komplexe Gefühle zwischen den Mitgliedern der Erziehungs-GmbH den Blick auf die Sachlichkeit verhindern und das gemeinsame Arbeiten kompliziert machen. Deswegen sollten Sie einander nicht duzen oder großzügig mit persönlichen Informationen umgehen. Symbolisiert wird eine Form der Beziehung, die gar nicht anzustreben ist, da sie ein zu geringes **Maß an Distanz** beinhaltet. Auch privates Babysitting ist schwierig, da über die zusätzliche externe Dienstleistung eine noch stärkere Form der Abhängigkeit voneinander entsteht.

Reflexion

Der Reflexion kommt hinsichtlich des Sicherheitsprojektes in seiner Ganzheit eine große Bedeutung zu.

Zum einen muss die **Arbeit als Erziehungs-GmbH** reflektiert werden, wie z. B. durch Elterngespräche oder Elternabende, zum anderen, wie anhand der Projektmethode beschrieben, **die Sicherheitskonzeption und deren Verwirklichung** selbst.

Bevor es jedoch dazu kommt, gilt es einen Schritt zurückzugehen und eine **Reflexion auf grundlegender Ebene** zuzulassen.

Mit dem Wissen, dass die Beziehung zwischen Eltern und Erzieherinnen sehr komplex ist, wird die Notwendigkeit offensichtlich, dass sich Erzieherinnen ihre Einstellung gegenüber der Gruppe der Eltern bewusst machen.

GUT ZU WISSEN

Folgende Fragen helfen bei der Reflexion:

- *Sehe ich es als Bereicherung an, neben der jungen Klientel der Kinder auch mit den Eltern zu kommunizieren und damit einen Gesprächspartner auf Augenhöhe vorzufinden?*
- *Oder ertappe ich mich immer wieder bei dem Gedanken, dass ich doch Kindergärtnerin und keine „Elterngärtnerin" bin?*
- *In welchem Verhältnis stehe ich zu meinen eigenen Eltern und inwiefern übertrage ich meine Emotionen auf die Eltern im Kindergarten allgemein oder auf diejenigen, die mich speziell an meine eigene Familie erinnern? Habe ich selbst meine Eltern z. B. als sehr streng erfahren und reagiere ich auf Eltern mit ähnlichem Verhaltensmuster möglicherweise sensibel?*
- *Welche einschneidenden Erfahrungen habe ich als Erzieherin bisher mit den Eltern in der Kita verzeichnen können? Versuche ich vielleicht, die Kommunikation auf ein Minimum zu reduzieren, weil ich mich in Gesprächssituationen argumentativ schon häufig unterlegen gefühlt habe?*

Um Vorbehalte abzubauen, ist es hilfreich sich zu vergegenwärtigen, dass die Eltern, wenn sie Wünsche oder Bedenken äußern oder auch eine Gegebenheit an der Kita oder sogar das Verhalten einer Erzieherin kritisieren, das nicht tun, weil sie in negativer Absicht handeln und um der Beschwerde

■ Bleiben Sie im Konfliktgespräch stets sachlich, auch wenn Eltern emotional aufgebracht sein sollten.

selbst willen, sondern weil sie in **positiver Absicht** um das Wohlergehen und die positive Entwicklung ihrer Kinder bemüht sind. Die Motivation der Eltern ist grundsätzlich auch in der Diskussion und im Disput positiv geprägt.

Kommunikation

Wenn etwas passiert ist, verlangen die aufgebrachten Eltern eine Erklärung für das, was ihrem Kind geschehen ist. Und zwar sofort! Nach größeren und kleineren Vorfällen kommt es daher ad hoc zu Tür- und Angel-Gesprächen. Treffender im Bereich „Sicherheit" zu „Notausgang- und Angel-Gesprächen", da sich jede Erzieherin in einem dieser Momente wohl schon nach einem Mauseloch umgesehen hat. In solchen Situationen reagieren nicht nur die Eltern erregt, sondern auch die Erzieherinnen sind angespannt. Sie haben ggf. Angst vor der Reaktion der Eltern oder der Kitaleitung und fühlen sich unwohl aufgrund ihrer Empfindungen dem betroffenen Kind gegenüber. Die Gefahr einer emotionalen Reaktion ist groß. Die wichtigste Prämisse besteht trotz aller Gefühlswallungen in einer professionellen Reaktion.

Es gibt allgemeine Grundregeln der Kommunikation, die nicht nur für die „Notausgang- und Angel-Gespräche" relevant sind, sondern auch für alle anderen Formen von Konfliktgesprächen:

- **Sachlich bleiben**
  Versuchen Sie nicht die **Schuldfrage** zu klären, indem Sie beginnen, das häusliche Fehlverhalten zu interpretieren und den Schwarzen Peter auf die Eltern zu schieben („Mir war schon klar, dass Ihrem Kind so etwas mal passiert. Sie verbieten ihm ja jede kleinste Herausforderung. Es kann daher in keiner Weise abschätzen, was es sich zutrauen kann und was nicht. Diese Lücken kann ich hier in der Kita nicht auffangen."). Damit würde die Situation eskalieren. Berichten Sie lediglich, was sich **konkret** ereignet hat. Bleiben Sie bei der **aktuellen Situation** und vermeiden Sie unbedingt **Verallgemeinerungen** („Immer sind Sie es, die sich an irgendetwas stören!").

- **Ansprache**
  Nutzen Sie dabei durchgängig die **Ich-Perspektive,** um direkte oder indirekte Vorwürfe zu umgehen. Nehmen Sie ihrem Gegenüber den Wind etwas aus den Segeln, indem Sie das Gesagte bei sehr emotionalen Beschwerden zusammenfassend **wiederholen** („Sie befürchten, dass ihr Kind einen Sonnenbrand hat, weil ich es heute Vormittag nicht vor der Sonne geschützt habe?"). Eine höfliche Gesprächshaltung verlangt selbstverständlich, dass Sie Ihr Gegenüber **ausreden lassen.** Es versteht sich von selbst, dass **verbale Verletzungen** oder Beleidigungen ein No-Go sind.

- **Reagieren, nicht ignorieren**
  Zeigen Sie den Eltern, dass Sie **Verständnis** dafür haben, wie aufgebracht sie sind („Ich verstehe, dass Sie sich um Ihr Kind sorgen, aber lassen Sie uns bitte in Ruhe und respektvoll miteinander reden. Mir liegt auch daran, dass es Ihrem Kind gut geht."). So geben Sie den Eltern zu verstehen, dass Sie das gleiche Ziel verfolgen und ihre Bedenken **ernst nehmen.** Dabei bleiben Sie **authentisch,** auch wenn Sie inhaltlich nicht auf einem Nenner sind.

- **Nichts verheimlichen**
  Wenn Sie das Vertrauen, das Ihnen die Eltern entgegenbringen, nicht einbüßen wollen, so ist es unabdingbar, dass Sie gefährliche Situationen, die sich im Kindergarten ereignet haben, große und kleine Unfälle, **von sich aus zur Sprache bringen.** Wenn die Eltern darüber erst vonseiten des Kindes informiert werden und aufgrund von Blessuren nachfragen müssen, kommt ein ungutes Gefühl auf. Es drängt sich der Gedanke auf, dass die Erzieherin sich scheut, ein Versäumnis zuzugeben. Vertrauen wird durch Misstrauen ersetzt.

- **Um Raum und Zeit bitten/ Einen Termin vereinbaren**
  Begegnen Sie nicht jedem Einwand mit einer Rechtfertigung, deren Sie sich vielleicht selbst noch gar nicht richtig bewusst sind. Wenn Sie Dinge äußern, die Sie später wieder revidieren müssen, wirken Sie unprofessionell und die Eltern verlieren Ihnen gegenüber das Vertrauen. Bitten Sie um einen **Gesprächstermin** („Ich finde dieses Gespräch sehr wichtig und möchte mir Zeit dafür nehmen. Ich arbeite morgen bis 16 Uhr. Haben Sie im Anschluss Zeit?").

- **Einen positiven Abschluss in Aussicht stellen**
  Schließen Sie das Tür- und Angel-Gespräch **ermutigend** („Wir werden morgen eine Lösung für das Problem finden." bzw. „Morgen erörtern wir die Situation gemeinsam. Ich finde das sehr wichtig.") und **bedanken** Sie sich für das erste Gespräch.

- **Sich die Expertenrolle bewusst machen**
  Die **Verantwortlichkeit** für das Gespräch liegt bei Ihnen. Sie sind die Expertin. Die Kommunikation mit den Eltern zählt zu Ihren Aufgaben – auch mit den Schwierigen und Anstrengenden der Gattung. Das bedeutet natürlich nicht, dass Sie sich beleidigen lassen müssen. Ist das Alphatier-Verhalten der Eltern zu stark ausgeprägt, wird gebrüllt und „gebissen", bitten Sie die Leitung, das Gespräch zu moderieren. Lassen Sie sich keinesfalls in die Dompteurrolle drängen und reagieren Sie nicht mit Drohungen. Drohungen á la „Dann suchen Sie sich doch einen anderen Kindergarten!" Natürlich dürfen Sie klare Grenzen setzen, wenn Ihr Gegenüber ausfallend wird: „Sie haben gerade geäußert, ich würde auf Ihr Kind weniger aufpassen als auf die anderen, weil es mir unsympathisch sei, und mich als blöde Kuh bezeichnet (Beschreibung der konkreten Situation). Ich fühle mich unwohl in dieser Situation (Äußerung der eigenen Gefühle) und wünsche mir ein wertschätzendes klärendes Gespräch (Was brauche ich?). Ich möchte Sie bitten, einen Termin mit der Leiterin zu vereinbaren, so dass wir das Problem gemeinsam lösen können (eine klare Bitte formulieren)." Sollten die Eltern weiterhin beleidigend bleiben und nicht von Ihnen abrücken dürfen Sie die Situation mit den Worten verlassen: „Aus genannten Gründen stehe ich Ihnen für diese Form von Gespräch nicht mehr zur Verfügung." Sie haben ein Anrecht auf eine gewaltfreie Kommunikation.

Kommunikation ist immer eine schwierige und komplexe Angelegenheit. Wenn Sie sich diesbezüglich sehr unsicher und nicht ausreichend kompetent fühlen, ist es klug, entsprechende **Fortbildungen** zu belegen. Eine adäquate Gesprächsführung lässt sich durchaus erlernen. Die meisten Seminare sind so konzipiert, dass Sie in Rollenspielen die Regeln der Kommunikation einüben.

Versuchen Sie, **Kritik als etwas Positives** zu sehen. Sie gibt Ihnen die Chance, sich selbst weiterzuentwickeln. Vor diesem Hintergrund zeichnet sich eine gute Kita auch dadurch aus, dass ein Beschwerdemanagment als konsequenter Teil des Qualitätsmanagments geführt wird.

Kurz + knapp

- *Über die Bemühungen der Kita zum Thema Sicherheit werden die Eltern informiert.* ***Transparenz*** *schafft Vertrauen.*
- *Die* ***Analyse der Elternmeinungen*** *zeigt den Eltern, dass ihr Standpunkt von Bedeutung ist.*
- *Information und Analyse bereiten sowohl die Erzieherinnen als auch die Eltern auf ihre* ***gemeinsame Arbeit*** *als Erziehungs-GmbH zum Thema Sicherheit vor. Die Eltern partizipieren an der Sicherheitskonzeption und tragen damit auch einen Teil der Verantwortung für einen sicheren Kindergarten.*
- *Die Verantwortlichkeit für eine gelungene „Erziehungs-GmbH" liegt in erster Linie bei Ihnen. Werden Sie zur Expertin und machen Sie sich Ihre Standpunkte und Verhaltensweisen bewusst. Dazu gehört, die eigene Einstellung zur Elterngruppe zu reflektieren, das richtige Maß zwischen Nähe und Distanz zu finden und allgemeine Kommunikationsregeln zu verinnerlichen und einzuhalten.*

Liebe Eltern!

Ihre Meinung ist uns wichtig! Bitte nehmen Sie sich die Zeit und füllen unseren Fragebogen zum Thema **Sicherheit im Kindergarten** aus. Sie können gern auch die Rückseite nutzen. Die Befragung ist anonym. Bitte werfen Sie den Fragebogen in den Elternbriefkasten im Foyer. In Kürze wird ein themenbezogener Elternabend stattfinden. Den Termin teilen wir Ihnen rechtzeitig mit. Vielen Dank!

Ihr Kita-Team

Ich fühle mich

☐ sehr gut ☐ gut ☐ ausreichend ☐ schlecht

informiert über die Bemühungen des Kindergartens zum Thema Sicherheit.

Insgesamt halte ich das Sicherheitskonzept des Kindergartens für

☐ gut durchdacht ☐ lückenhaft ☐ dringend reformierbar.

Die Kinder sind im Kindergarten

☐ sicher und gut aufgehoben ☐ nicht sicher ☐ weiß nicht.

Dass mein Kind im Kindergarten eine Sicherheitserziehung genießt,

☐ merke ich deutlich ☐ merke ich gelegentlich ☐ merke ich nicht.

Ich sehe im Kindergarten möglicherweise eine Gefahr für mein Kind in folgenden Bereichen:

____

____

Folgende Sicherheitsbemühungen der Kita gefallen mir gut:

____

____

Ich wäre an einer Zusammenarbeit mit den Erzieherinnen an der Sicherheitskonzeption des Kindergartens prinzipiell

☐ sehr interessiert ☐ interessiert ☐ nicht interessiert.

Bemerkungen:

____

____

© Verlag an der Ruhr | Kita-Ratgeber Sicherheit | Autorin: Maren Müller-Lerch | ISBN 978-3-8346-2554-0 | www.verlagruhr.de

Zusammenfassung und Ausblick

Abschließend nehmen die Worte von Wilhelm von Humboldt, „Ohne Sicherheit ist keine Freiheit", auch im Kita-Bereich Gestalt an. Was zunächst recht konträr klingt, ist durchaus begründet und fundiert. Wenn die Sicherheit im Kindergarten umfassend reflektiert und zu einem **nachhaltigen Sicherheitskonzept** entwickelt worden ist, bedeutet das einen Gewinn für alle, die zur Institution Kita dazugehören. Der Erfolg des Sicherheitsprojektes ist mit Freiheit und einem gewissen Maß an Unbeschwertheit und Sorglosigkeit verbunden – nicht trotz, sondern gerade wegen des sicheren Rahmens, der damit geschaffen ist. Die Erzieherinnen können sich auf ihre pädagogische Arbeit konzentrieren.
Sie sind aufgrund der Tatsache, dass die Eltern am Sicherheitskonzept teilhaben, von einem immensen Druck befreit, da die Verantwortung gewissermaßen ein Stück weit delegiert ist. Wer informiert, aktiv und transparent mit dem Thema Sicherheit umgeht, legt Unsicherheiten ab und kann selbstbewusst im Kindergarten agieren. Das Wissen, dass die Kinder im Kindergarten sicher aufgehoben sind, entspannt die Erzieherinnen und natürlich ganz entscheidend auch die Eltern. Davon profitieren die Kinder elementar, für die das sichere Auftreten der Erzieherinnen und die von Vertrauen geprägte Einstellung ihrer Eltern der Kita gegenüber deutlich spürbar ist. So ist der Grundstein dafür gelegt, dass sie sich frei entfalten und optimal entwickeln können.

Der besondere Aufbau der Sicherheitsprojekte führt gerade nicht dazu, dass die Kita in der Konsequenz einer Art Hochsicherheitstrakt gleichkommt. Wie grau oder bunt das Leben in einer Kindertagesstätte ist, hängt von den Sicherheitsbestrebungen zunächst einmal auch gar nicht ab, sondern von der pädagogischen Konzeption, den Angeboten, den räumlichen Gegebenheiten, der materiellen Ausstattung und vor allem von den Menschen, die sich in ihr bewegen. Sie werden erleben, dass viele Projekte Ihnen und den Kindern große Freude bereiten. Es ergeben sich **Lernarrangements** für die Kinder, die ihnen nicht künstlich vorgegeben werden, sondern die aus ihrer Lebenswelt heraus entstehen. Es liegen mit den einzelnen Sicherheitsmängeln konkrete Probleme vor, für die Lösungen gefunden und gemeinsam umgesetzt werden. Aus pädagogischer Sicht kann auf dieser Grundlage **Projektlernen** par excellence stattfinden. Nicht zuletzt werden mit einigen Projekten Rituale eingeführt, die für die Kinder eine große Bedeutung haben. Sie fordern wiederkehrende Abläufe und Regeln geradezu ein, da sie ihnen Sicherheit und Geborgenheit geben – Gefühle, die besonders außerhalb der Familie für Kinder manchmal nur schwer zu erreichen sind.

Mit der **Sicherheitscheckliste** am Ende des Buches bekommen Sie eine Orientierungshilfe an die Hand, um zu erörtern, in welchen Bereichen die Sicherheitsprojekte ansetzen müssen. Wenn sich Defizite in mehreren Bereichen feststellen lassen, resignieren Sie nicht gleich. Sollten sich mehrere Erzieherinnen und Eltern der einzelnen Projekte annehmen, sind sie durchaus ohne allzu großen Aufwand zu bewältigen.

Für das gesamte Sicherheitsprojekt ist es wichtig, immer unter der Maxime einer **„entspannten Ernsthaftigkeit“** zu wirken. Es ist unerlässlich, realistische Ängste ernst zu nehmen und die Kinder vor wirklichen Gefahren zu schützen. Es gehören aber auch immer ein Stück weit Zuversicht und Vertrauen in die Dinge dazu. Es lohnt sich nicht, sich nur noch verrückt zu machen. Generationen haben Leitungswasser getrunken, ohne dass dabei je auf die Bleiwerte geachtet wurde oder in Schulturnhallen Fußbälle gegen die Asbestdecke geschossen, so dass die Fasern in hoher Anzahl durch die Luft flogen.

Unzählige Beispiele ließen sich ergänzen. Viele Gefahren werden erst bekannt, wenn man ihnen schon lange ausgesetzt gewesen ist. Aber die meisten Menschen überstehen die Belastungen. Der Mensch ist relativ robust. Ein sehr treffendes Gebet, vermutlich aus der Feder des amerikanischen Theologen Reinhold Niebuhr, besagt: „Gib mir die Gelassenheit, Dinge hinzunehmen, die ich nicht ändern kann, den Mut, Dinge zu ändern, die ich ändern kann, und die Weisheit, das eine vom anderen zu unterscheiden.“ Das bedeutet, Gefahren aufzuspüren und abzuwenden und gerade für die Kinder keine Risiken einzugehen, aber in dem sicheren Wissen, dass man umsichtig handelt, trotzdem die nötige Gelassenheit beizubehalten, unbeschadet der Einsicht, dass sich nicht alles hundertprozentig absichern lässt. In diesem Sinne: Beginnen Sie die Sicherheitsprojekte nicht von Panik geleitet oder verbissen, aber bewusst und konsequent. Sie haben nun die Argumente, kennen die Wege und wissen um das Ziel einer sicheren Kita.

Sicherheitsaspekte im Kindergarten Seite 1

Abwendung von äußeren Gefahren

- Das Kindergartengelände ist lückenlos von einem Zaun umgeben.
- Der Zaun ist intakt, von angemessener Höhe, auf spitz zulaufende Enden wird verzichtet und er lädt nicht zum Klettern ein.
- Das Tor zum Gelände ist mit einem Riegel versehen, der für die Kinder unerreichbar ist. Es besteht die Möglichkeit, das Tor abzuschließen.
- Das Außengelände ist gut überschaubar bzw. einsehbar, so dass die Aufsicht überall zu realisieren ist.
- Besonders während der Bring- und Abholzeiten ist hinsichtlich der Eingangstür ein gut überlegtes System etabliert.
- Brandschutzaspekte werden bei der Konstruktion der Ein- und Ausgänge berücksichtigt.
- Im Kindergarten existiert eine einheitliche Regelung in Bezug auf die Abholmodalitäten: Wie wird eine andere Person autorisiert, das Kind abzuholen?

Schadstoffbelastung im Kindergarten

- Schätzen Sie die Belastung durch hormonelle Schadstoffe ein. Wie hoch ist der Anteil an Weich-PVC-Inventar? Worauf kann verzichtet werden?
- Die Kinder sind auch bei Wind und Wetter regelmäßig an der frischen Luft.
- Es wird ausreichend gelüftet und geputzt.
- Bei Baumaßnahmen wird die Einrichtung im Vorfeld auf Altlasten hin untersucht. Daneben werden neue Materialien mit Bedacht gewählt (z. B. Verzicht auf BPA).

Sichere Ernährung

- Die Mahlzeiten der Kinder werden ausschließlich mit Bio-Lebensmitteln zubereitet.
- Obst und Gemüse werden vor dem Verzehr gründlich gewaschen.
- Die Küche und insbesondere der Herd sind gesichert.
- Sofern Leitungswasser als Lebensmittel verwendet wird, ist es getestet und für unbedenklich befunden worden.
- Zucker und Salz werden bewusst und sparsam eingesetzt.

Bewegte Sicherheitserziehung und Unfallprophylaxe

- Es findet bereits eine erste Sicherheitserziehung statt.
- Es existieren transparente und für die Kinder nachvollziehbare und verständliche Umgangs- und Spielplatzregeln.

Sicherheitsaspekte im Kindergarten Seite 2

- Es ist eine Sicherheitsbeauftragte mit der Überwachung der Sicherheitsvorkehrungen betraut.
- Die Erzieherinnen frischen regelmäßig ihre Erste-Hilfe-Kurse auf.
- Für die Unter-Dreijährigen werden besondere Bedingungen berücksichtigt. Insbesondere befinden sich in deren Umfeld keine verschluckbaren Kleinteile.
- Verwenden Sie die Checklisten für den Innen- und Außenbereich, um sich einen Überblick zu verschaffen, inwiefern für die Sicherheit drinnen und draußen Sorge getragen wird.
- Unter Umständen ist die Einrichtung sogar als „sicherer Kindergarten" zertifiziert.
- Der Außenspielbereich motiviert zur Bewegung, bietet Herausforderungen, birgt aber keine unverantwortlichen Risiken.
- Es werden vielfältige Bewegungserfahrungen gefördert. Die Kinder erleben kleine Abenteuer.
- Im Sinne einer Rhythmisierung wechseln sich Phasen der An- und Entspannung ab.

Garten

- Es gibt keine giftigen Zimmer- oder Gartenpflanzen. Pilze werden kontinuierlich entfernt.
- Es wird weitestgehend dafür Sorge getragen, dass die Kinder nicht von Wespen, Ratten oder anderen Schädlingen in Gefahr gebracht werden.

Sonnenschutz

- Der Kindergarten ist für den Sonnenschutz verantwortlich. Es wird ein Sonnenschutzprogramm institutionalisiert. Die Kinder werden eingecremt und halten sich bei hohen Temperaturen im Schatten auf.